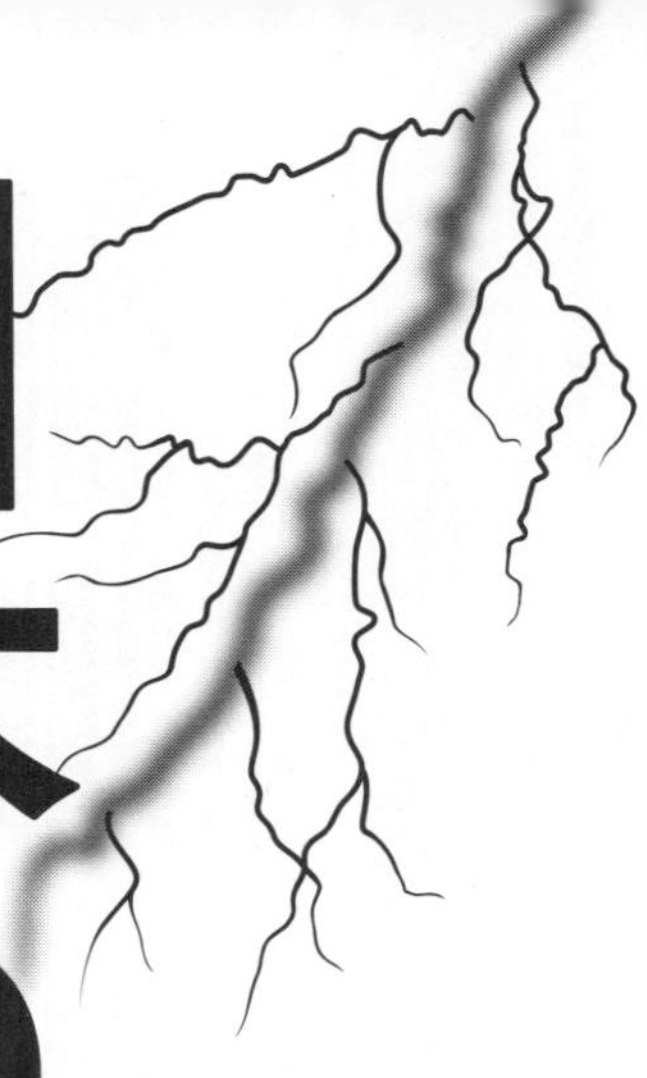

日本の奈落

TRI REPORT CY2015

年率マイナス17%
GDP成長率
衝撃の真実

植草一秀
Uekusa Kazuhide

ビジネス社

まえがき

２０１４年8月13日、２０１４年4―6月期のＧＤＰ統計が発表された。年率表示の実質経済成長率はマイナス６・８％。大幅な落ち込みを示した。9月発表改定値ではマイナス７・１％に下方修正された。しかし、これはあくまでも表向きの数値。売れ残りの大量発生を意味する在庫激増と外需による成長率かさ上げを除去して再計算すると、年率17・１％の激烈な経済崩落が示されたのである。

米国ＣＮＮは「日本の経済成長、消費税増税ショックで崩壊」、英国フィナンシャル・タイムズは「アベノミクスに試練・ＧＤＰ失速で」と伝えた。ところが、日本経済新聞は8月14日朝刊1面で「景気、緩やか回復続く」と伝えた。御用報道もここまでくると逆効果だろう。誰も日本経済新聞の記事を信用しなくなる。

「消費税増税の影響軽微」の大キャンペーンが展開されたが、やはりウソだった。筆者は昨年11月に本シリーズの前著『日本経済撃墜　恐怖の政策逆噴射』を上梓した。日本中が株価上昇に沸き立つ局面だった。こんな局面では株価暴騰を予測する本がよく売れる。本の販売を伸ばすことだけを考えるなら経済超強気の予測本が望まれる局面だ。

安倍首相は12月30日の東証大納会に出席して、「アベノミクスは来年も買いだ」と高らかに宣言した。筆者は、これが株価ピークになると予測した。果たして日経平均株価は東証大納会の日をピークに下落波動に転じたのである。『日本経済撃墜』のタイトルの拙著は市場関係者から忌避されたことと思うが、日本経済は4月以降、本当に撃墜されてしまった。

それでも、日本株価は5月中ごろから上昇波動に転じた。筆者が発行する会員制レポートであるTRI特報（『金利・為替・株価特報』）では、5月12日号タイトルを「大増税で超割安水準に下落日本株価に妙味」とし、「第9節【投資戦略】逆張り発想への転換」に株価上昇波動への転換予測を記述した。日本経済が撃墜されているなかでの株価反転上昇予測の提示だった。

その洞察の根拠については、本書の記述をご高覧賜りたいが、最大のポイントは日本株価の水準が企業収益水準から算出される適正株価を大幅に下回っている、との判断にあった。安倍政権が日本経済の健全な回復実現を最優先したなら、株価ははるか高位に上昇し、日本経済の順調な改善が見込めたはずである。その絶好のチャンスを今回もまた、潰してしまったことは、誠に残念なことである。

夏場の天候不順で日本経済の悪化が加速したことは事実だが、これが経済低迷の主因ではない。マクロ経済政策全体の采配を誤り、シロアリも退治しないまま、巨大増税に突き進んだことが、せっかく浮上しかけた日本経済を再悪化させた主因なのである。

しかし、さらに大きな問題が差し迫っている。大型台風が本土を直撃して甚大な被害をもたらしたのも束の間、次の猛烈台風が本土直撃を窺う情勢にあるのだ。消費税率10％という猛烈台風の直撃を受ければ、甚大な被害がどこまで広がるか分からない。台風の進路を変えることができるなら、確実に本土直撃を回避するように万全を期すべきである。

金融市場の脆弱性の問題は日本だけにとどまらない。米国は２００８～２００９年にかけて、サブプライム金融危機という「百年に一度の金融津波」に襲われた。表面的にこの問題は解消されたように思われているが、金融市場の地下深くには、いまも巨大マグマがうごめいている。この問題を熟知して、最大の警戒感を有していると思われるのがイエレンＦＲＢ議長である。米国は金融不安再燃を回避することができるのか。２０１４年10月8日にはＩＭＦが「世界金融安定報告」を発表して、米国金利上昇が世界的な債券時価評価の暴落をもたらすリスクに警鐘を鳴らしたが、本書で詳述する問題提起と重なり合う部分が多い。

２０１４年の金融経済を総括し、２０１５年の展望を示す。そして、こうした金融激動時代にあって、株式投資で最善のパフォーマンスを獲得するための極意を伝授する。本書が提示する極意を、ぜひ現実の金融行動に活用していただきたいと思う。

世界の金融市場を行き交う巨大資本の激流は、いまなお衰えを示さない。巨大な資金の流れが、金融激動の現実をもたらし続けている。激動の時代に的確な洞察を実現することは至難の業であるが、その艱難を克服しなければ、良好な投資パフォーマンスは実現できないのである。

安倍政権は弱肉強食奨励＝大資本優遇の新自由主義経済政策を推進するが、短期的に資本に有利に見える施策が長期の破滅につながることをまったく認識していない。経済政策の基本を、「弱肉強食」から「弱食強肉」に転換するべき時機が到来している。この問題についても論議の素材を提供することとする。

本書が2015年の激動する世界経済金融情勢を的確に読み抜くひとつの有用な道しるべになるなら、筆者としてこれに勝る喜びはない。

2014年10月

植草一秀

日本の奈落　目次

第2章

安倍増税内閣の命運

第3章　2014年の総括

第4章　イエレン議長の憂鬱

第5章　アベノミクスの命運

第6章 欧州・中国・原油・金

第7章 最強・常勝5ヵ条の極意

第1章

撃墜された日本経済

第1節　GDP急落の衝撃

消費税増税の影響軽微という大ウソ

２０１４年８月13日、同年４―６月期のＧＤＰ速報値が発表された。実質ＧＤＰは、年率換算で６・８％の大幅減少を示した。さらに、９月８日に発表された改定値で成長率はマイナス７・１％へと下方修正された。

４月に消費税の税率が５％から８％へと３％引き上げられた。２０１２年８月に野田佳彦政権が増税法を成立させ、あとを引き継いだ安倍晋三政権が増税実施を決定した。「シロアリを退治しないで消費税を引き上げるのはおかしい」と断言したのが野田佳彦氏だった。この野田佳彦氏が主権者との約束を踏みにじり「シロアリ退治なき消費税増税」に突き進んだのである。

野田佳彦政権は２０１２年11月に自爆解散を挙行した。主権者との最も重要な約束を踏みにじり、消費税増税法を成立させて解散・総選挙に打って出れば、惨敗は必至である。野田佳彦氏は民主党が大惨敗することを想定に入れて、解散・総選挙に突き進んだ可能性が高い。そうではなく、民主党が選挙で敗北しないと考えていたのなら、完全な政治音痴である。

野田佳彦氏が解散・総選挙に突き進んだ狙いは2つあったと思われる。1つは、安倍晋三自民党に大政を奉還すること。いま1つは小沢一郎新党を殲滅すること。2009年9月に樹立された新政権は、日本政治を刷新する役割を担った。鳩山由紀夫氏と小沢一郎氏が主導する新体制は日本政治刷新の方針を掲げていたのである。

しかし、「革命」政権はわずか8ヵ月半で破壊された。2010年6月に民主党内クーデターが挙行され、菅直人政権が樹立された。その流れを継承して樹立されたのが野田佳彦政権である。いずれも「革命」政権を否定する、旧来政治に逆戻りする基本性格を備えた政権であった。この流れを汲む野田佳彦政権が消費税大増税を決定し、大政を奉還された安倍政権が消費税大増税を実施した。まずは、安倍晋三政権が実施した消費税増税の影響を精査することが必要だ。

安倍政権と、政権に結託するマスメディアは、消費税増税の影響は軽微であるとの大キャンペーンを展開した。このキャンペーンを背後で取り仕切ったと見られるのは、財務省の「TPR」と呼ばれるプロジェクトである。TPRとは、タックスのPRを略した符牒であり、1985年に始動したものである。

筆者は当時の大蔵省がTPRを立ち上げた際の事務局員を務めたので、TPRの詳細を熟知している。一言で言えば財政当局が推進する増税を実現するために、言論統制を行うプロジェクトである。言論弾圧と表現するのが適切かもしれない。日本のマスメディアは、政治権力、国家権力の支配下に置かれている。権力と結託することによる利益、利権が大きいということである。大半のマスメディアは、政治権力、国家権力の「指導」＝統制に従うのである。

２０１４年４月の消費税増税に際しても、この種の言論弾圧、情報操作が大々的に展開された。後段で紹介する日本経済新聞の事例が典型的なものだが、「消費税増税が日本経済に与える影響は軽微である」との情報が、まさに土石流のように流布された。

ところが４―６月のＧＤＰ成長率は７・１％の大幅減少となった。２０１３年末、日経平均株価は１万６２９１円の高値で取引を終えた。野田佳彦氏と安倍晋三氏による党首討論が行われた２０１２年11月14日の日経平均株価終値が８６６４円だった。この日、野田佳彦首相が衆議院解散を宣言した。野田佳彦氏のこの自爆解散で政権は自公に奉還された。首相の座を射止めたのが２００７年に政権を投げ出した安倍晋三氏である。

８６６４円の日経平均株価は、２０１３年５月22日には１万５６２７円の水準に到達。その後の半年間、一進一退の動きを続けたのち、２０１３年末に１万６２９１円の高値で取引を終えた。安倍晋三氏は12月30日の東証大納会に出席し、「アベノミクスは来年も買いだ」と宣言した。金融市場には強気の空気が満ち溢れ、一段の株高を唱えるエコノミストが大勢を占めた。

ドル円相場の推移（直近3年間）

ドル/円
2014/10/1
110.08
2013/12/30
105.44
100.74
2014/2/3
2012/3/12
84.17
77.11
2012/9/10
75.55
2011/10/31
105
100
95
90
85
80
2012/1
2012/7
2013/1
2013/7
2014/1
2014/7

日経平均株価の推移（直近3年間）

日経平均株価
16,291
2013/12/30
15,627
2013/5/22
16,374
2014/9/25
13,960
2014/4/11
12,445
2013/6/13
8,664
2012/11/14
16,000
15,000
14,000
13,000
12,000
11,000
10,000
9,000
2012/1
2012/7
2013/1
2013/7
2014/1
2014/7

筆者はこの状況がバブル崩壊前夜の１９８９年末に似ていることを指摘した。筆者は年明け後の株価反落を予測したが、圧倒的少数見解であった。実際に日経平均株価は２０１４年初来下落トレンドを示したのだが、消費税増税を推進する財務省による情報工作、広報活動が活発化していった。消費税増税が実施される前も、そして実施した後も「消費税増税の影響軽微」とのキャンペーンが大々的に展開されたのである。

しかし、８月13日に発表されたＧＤＰ統計は、こうした情報流布がまったく事実無根の虚偽広報であったことを裏付けるものになった。ＧＤＰ統計はＧＤＰを構成する個人消費や設備投資、住宅投資、あるいは政府支出関連の統計を集計してとりまとめられる。ＧＤＰ統計に折り込まれる各統計はすべて公開統計であるので、月次で発表される統計数値を追跡すれば、四半期のＧＤＰ統計発表前には、どの水準のＧＤＰ成長率が発表されるのかは誰にでも予測できる。したがって８月13日発表のＧＤＰ統計においても、直前には発表数値と大差のない予測が示されていた。

メディアはこのことをもって大幅減少のＧＤＰ統計を「市場の予想通り」と表現したが、単なる言い逃れに過ぎなかった。年初来、政府とメディアが示してきた見通しは、消費税増税が実施されても、経済活動は落ち込まないというものだった。

ところが、現実には４―６月期の各種月次統計が順次発表されるのに伴って、４―６月期Ｇ

ＤＰ成長率が大幅に落ち込むことがはっきりしてきた。こうした月次統計の発表を受けて、御用メディアと御用エコノミストがＧＤＰ成長率予想数値を五月雨式に大幅下方修正を繰り返した。その結果として、ＧＤＰ統計発表直前に発表数値と大差のない数値を示すことができただけのことである。年初に示していた見通しと比べると、メディアもエコノミストも見通しを大外ししたのである。

実際の成長率は衝撃のマイナス17・1％

だが、驚くのはまだ早い。4—6月期ＧＤＰ統計の与えた衝撃は、見かけ上のマイナス7・1％成長とかけ離れたものであった。どういうことか。ＧＤＰ統計の詳細を熟知していない人にとってはわかりにくい話で、現に政治権力と結託するマスメディアは、ＧＤＰ統計の真実の姿をまったく伝えない。したがって多くの人は、4—6月期のＧＤＰ成長率は、消費税増税による支出の落ち込みで年率マイナス7・1％成長に落ち込んだとしか考えていない。

ＧＤＰ統計の内容を精査すると、実態上の景気の落ち込みは、見かけのマイナス7・1％を遥かに上回る激烈なものであったことが浮かび上がる。掲載したＧＤＰ統計数値表（Ｐ20）の2014年4—6月期前期比成長率の右側にカッコで括られた数値が並んでいる。これは前期

実質GDP成長率（季節調整済、前期比、％）

（2006 暦年連鎖価格：単位：％）　　　　(Chsined (2005) Yen : %)

	2013			2014			2014	
	4〜6	7〜9	10〜12	1〜3	4〜6		4〜6	
国内総生産（GDP）	0.8	0.4	0.1	1.5	-1.8	***	-7.1	Gross Domestic Product
［年率換算］	[3.4]	[1.8]	[-0.5]	[6.0]	[-7.1]	***	***	[Annual rate]
国内需要	0.8	0.8	0.5	1.6	-2.8	***	-10.7	Domestic Demand
	(0.8)	(0.8)	(0.5)	(1.7)	***	(-2.9)	***	
民間需要	0.5	0.6	0.5	2.4	-3.7	(-2.9)	-13.9	Private Demand
民間最終消費支出	0.7	0.2	0.4	2.0	-5.1	(-3.2)	-19.0	Private Consumption
家計最終消費支出	0.8	0.2	0.4	2.1	-5.3	(-3.2)	-19.5	Consumption of Households
除く持ち家の帰属家賃	0.8	0.2	0.4	2.4	-6.3	(-3.2)	-23.1	Excluding Imputed Rent
民間住宅	2.1	4.7	2.4	2.0	-10.4	(-0.3)	-35.6	Provate Residential Investment
民間企業設備	4.8	0.5	1.0	7.8	-5.1	(-0.7)	-18.8	Provate Non-Resi. Investment
民間在庫品増加	(-0.4)	(0.2)	(-0.1)	(-0.5)	***	(1.4)	***	Change in Private Inventories
公的需要	1.7	1.4	0.5	-0.7	-0.0	(-0.0)	-0.2	Public Demand
政府最終支出	0.6	0.1	0.2	-0.2	0.1	(0.0)	0.3	Government Consumption
公的固定資本形成	5.8	7.1	1.4	-2.5	-0.5	(-0.0)	-2.0	Public Investment
公的固定資本形成	(0.0)	(-0.0)	(0.0)	(-0.0)	***	(-0.0)	***	Change in Public Inventories
（再掲）総固定資本形成　※3	2.7	2.6	1.3	4.5	-4.8	(-1.1)	-18.0	(Regrouped) GrossFixed Capital Formation※3
財貨・サービスの純輸出　※4	(0.1)	(-0.4)	(-0.6)	(-0.2)	***	(1.1)	***	Net Exports of Goods&Services ※4
財貨・サービスの輸出	3.1	-0.7	0.3	6.5	-0.5	(-0.5)	-2.0	Exports of Goods&Services
（控除）財貨・サービスの輸入	2.3	1.8	3.7	6.4	-5.6	(1.2)	-20.6	(Less) Imports of Goods& Service

（注）（　）内は国内総生産に対する寄与度、最右列は前期比年率

実質GDP成長率の推移（前期比年率）

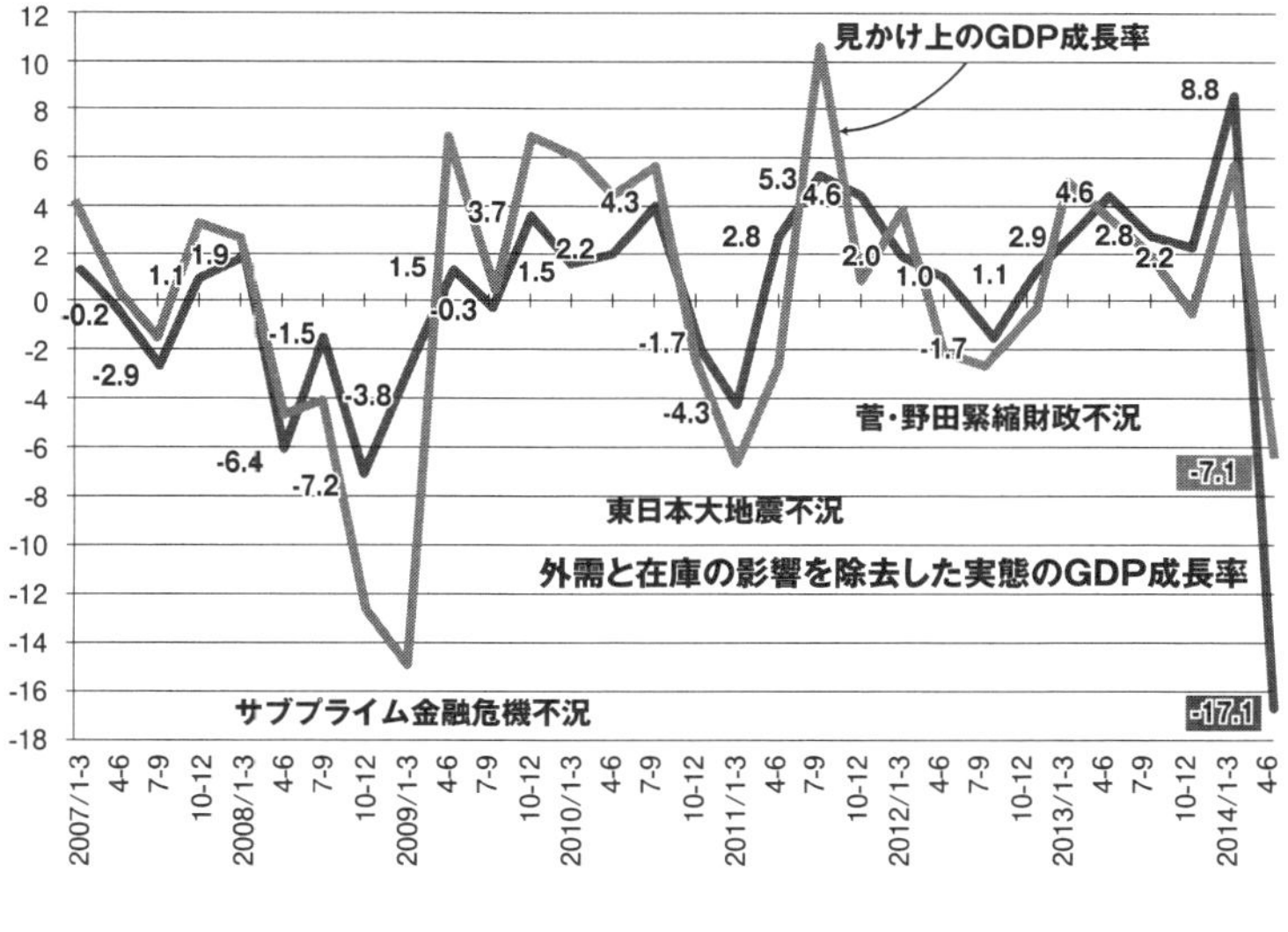

比マイナス1・8%のGDP前期比成長率に対する「寄与度」と呼ばれるものである。どの項目が前期比成長率を何%ポイント押し上げたか、あるいは押し下げたかを示している。

これを見ると民間在庫品増加が1・4%ポイント、GDP前期比成長率を押し上げている。また、財サービスの純輸出、いわゆる外需が1・1%ポイント、GDP前期比成長率を押し上げている。在庫増加と外需がGDP前期比成長率を2・5%押し上げられたにもかかわらず、GDP前期比成長率はマイナス1・8%にとどまった。つまり、在庫の積み上がりの効果を除いた内需は、GDP前期比成長率を4・3%も押し下げたのである。

これを年率表示すると、マイナス17・1%になる。つまり、外需と売れ残りである在庫投資の効果を取り除くと、2014年4―6月期の実質GDP成長率は、年率換算でマイナス17%という史上空前の落ち込みを示したのである。

掲載したGDP統計数値表の右側に、各需要項目の年率換算・前期比成長率が示されている。これを見ると、民間最終消費支出が年率マイナス19・0%、民間住宅投資がマイナス35・6%、さらに堅調と言われてきた民間企業設備投資がマイナス18・8%の大幅落ち込みを示している。在庫の増加と外需の寄与で、表面的には実質GDP年率成長率はマイナス7・1%と伝えられているが、実態上の成長率はマイナス17・1%成長という、衝撃の数値を示したのである。

在庫の増加が成長率にプラス寄与したとはどういうことだろうか。経済統計の読み方は分かりにくい部分がある。少し煩雑だが、正確に理解していただきたいと思う。ＧＤＰ統計は生産統計で、生産量がどれだけ増えたかを示すものだ。「在庫の増加によって生産量が増えた」というのは、つまり、作ったけれども売れ残りが大量発生したということなのだ。売れ残りではあっても、生産したことは事実であり、ＧＤＰは生産量を測る統計であるから、この売れ残りも「生産」としてカウントされる。大量生産したものがまったく売れずに在庫として積み上がっても、「生産」統計としては、「生産」が大幅に増えたものとして統計処理される。

ただし、売れ残りが大量発生すれば、次の期には、この在庫増加が生産を抑制する要因になる。こうした「意図せざる在庫増加」は、次の期以降の生産減少要因になるのである。

４―６月期のＧＤＰ統計では、成長率がマイナス７・１％と発表されたが、大量発生した売れ残りの生産を含めてマイナス７・１％成長だったわけで、この要因と外需の要因を取り除くと、成長率はマイナス17・１％となり、文字通り驚天動地の激震が走ったのである。これが、消費税大増税の衝撃なのである。

発表されたＧＤＰ成長率と、在庫投資と外需の影響を取り除いたＧＤＰ成長率の推移を重ねて表示したグラフをご覧いただきたい（Ｐ20）。

過去のケースでは、発表された見かけ上のＧＤＰ成長率の振幅よりも、在庫と外需の影響を取り除いたＧＤＰ成長率の方が振幅が小さい。見かけのＧＤＰ成長率の数値の振れほど、実態としての成長率の振れは小さかったことが分かる。

ところが、今回のケースでは、見かけの振れをはるかに上回る実態の振れが観測されているのである。見かけ上のマイナス7・1％の数値で日本経済の現状を判定すると、大間違いが生じるのだ。

消費税増税が財布の「中身」を減らし「ヒモ」を固く締めた

安倍政権は、2014年4—6月期のGDP成長率の落ち込みについて、3つの「反論」を示している。第1は、4—6月期のGDP成長率の落ち込みは1—3月期の駆け込み支出の反動であり、想定の範囲内であること。第2は、7—9月期には支出水準が大幅に増加して日本経済が元の成長軌道に戻ること。第3は、輸出や設備投資で今後の日本経済が支えられること。この三点を根拠に、4—6月期の景気の落ち込みは、あくまで一時的なものであり、7—9月期から日本経済は順調な景気回復期軌道に回帰すると主張している。

しかし、この主張は間違いである。日本経済は7—9月期以降も急速には回復しない。そのたしかな根拠が存在する。最大の理由は、GDPの6割を占める家計消費が、構造的に落ち込む状況になっていることだ。消費が活発化するか、停滞するかを決めるのは、「財布の中身」

と「財布のヒモの固さ」である。現在の日本経済では「財布の中身」が大幅に減少し、その上で「財布のヒモ」が激烈に固くなっている。

総務省発表の家計調査によると、二人以上の勤労者世帯では、２０１４年８月時点で、実質実収入が前年同月比で５・４％も減少している（Ｐ25）。この家計収入の大幅減少を反映して、同じく２０１４年８月の二人以上世帯の実質家計消費支出は、前年同月比４・７％の落ち込みを示している（Ｐ25）。

安倍政権は企業に賃上げを求め、一部の権力迎合企業が賃上げを実施したことを喧伝している。しかし賃金上昇は、日本経済全体にはまったく広がっていない。たしかにスズメの涙ほど、賃金は増加し始めているのだが、この賃金上昇を遥かに上回る物価上昇が進行している。家計の消費量を決める財布の中身とは、所得の変化から物価上昇を差し引いた実質所得の変化のことだ。その実質所得が、家計調査では前年同月比で５％も落ち込んでいる。これに連動して、実質消費支出も５％落ち込んでいる。

２０１４年７月の毎月勤労統計は勤労者の現金給与総額が、前年比２・４％増加したことを示した。９年８ヵ月ぶりの高い伸びを記録した。２０１４年１月の伸び率が前年比マイナス０・２％だったから、急激な賃金上昇が広がっていると勘違いしてしまいかねない。

ところが、その内容を見ると、個人所得の増加についいて楽観はできないのである。現金給与

二人以上勤労者世帯の実質実収入増減率の推移

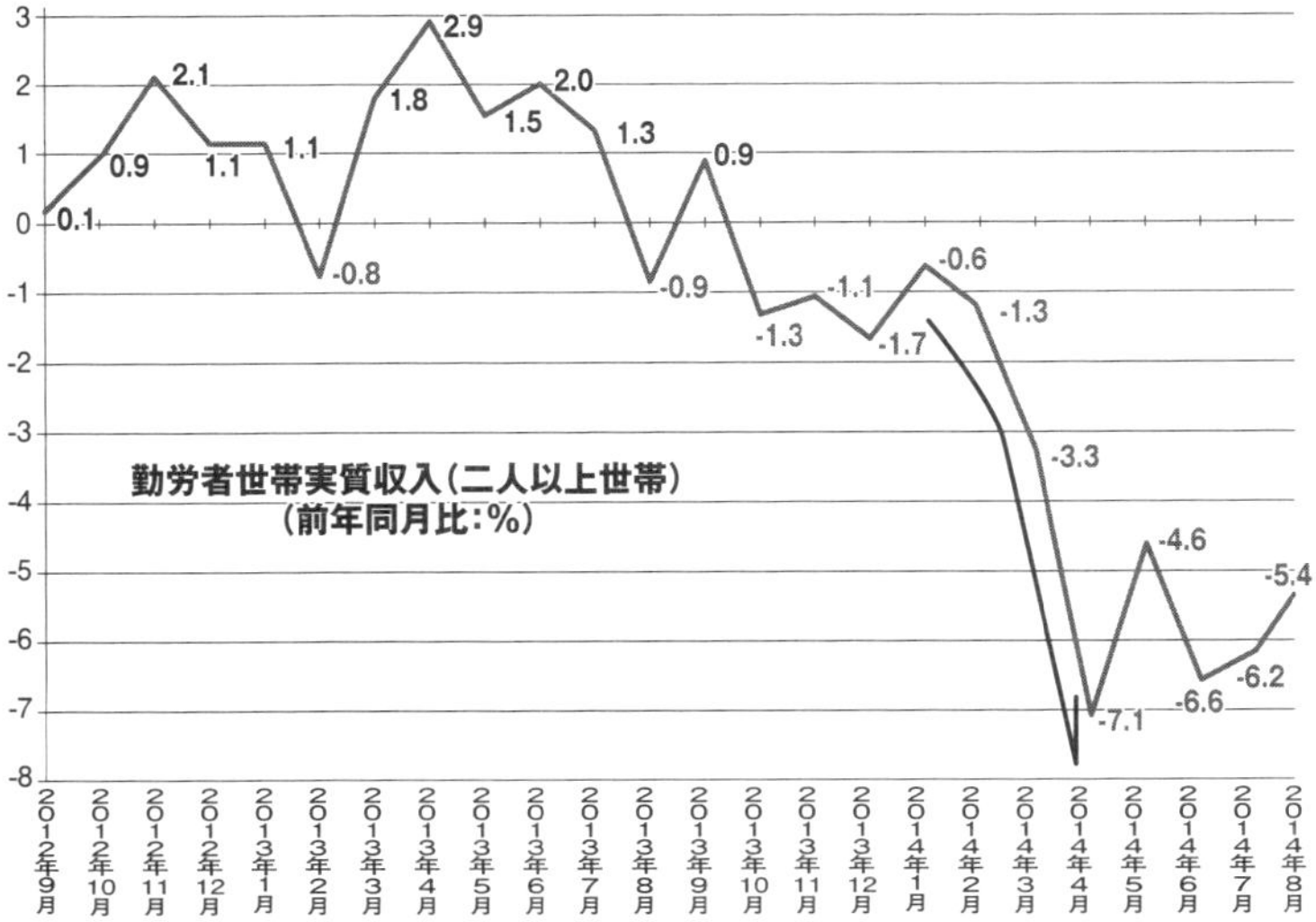

二人以上世帯の実質消費支出増減率の推移

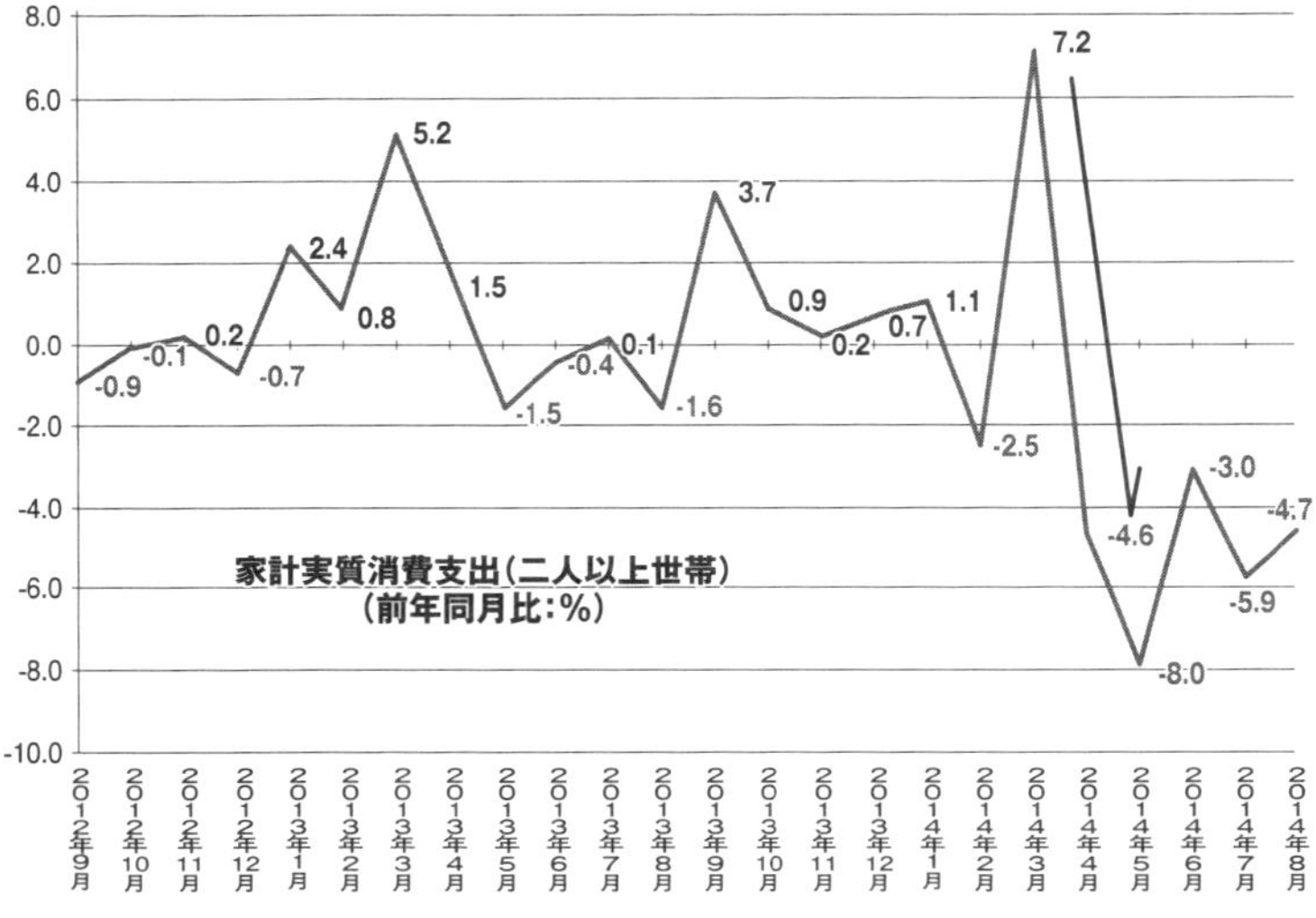

出典：総務省

総額を構成するのは、「きまって支給する給与」と「特別に支払われた給与」の2つである。7月の統計を見ると、「特別に支払われた給与」が前年比7．1％の大幅増加になったのだが、「きまって支給する給与」は0・9％しか増加していないのである。つまり、企業収益が増加して夏のボーナスが大幅に増加した。この結果、現金給与総額が約10年ぶりの大幅増加を示したのだが、永続的な影響を持つ賃金の本体部分はほとんど増加していないのである。

ボーナスの支給が終了してしまうと、現金給与総額の前年比伸び率は再び急低下することになる。ボーナスが増えたのは2014年3月期の企業利益が増大したためである。企業利益が2015年3月期も大幅に増え続けるなら、ボーナスは2014年の年末も、2015年の夏も増えるだろう。しかし、そのような企業収益の伸びは見込まれていない。逆に日本経済が不況に突入すれば、企業利益は急減する。その時にはこの「特別に支払われた給与」も連動して減ってしまう。

この状況下で、消費が本格回復することは考えられない。万が一、それがあるとすれば、消費者が未来に絶望して、いま持っているお金を一気に使い切ってしまおうと考える場合くらいのものだ。

また、2014年7月の現金給与総額前年比2・4％の伸びでさえ、物価上昇率よりは低い。7月の全国消費者物価指数の前年同月比は、生鮮食品を除く総合でプラス3・3％だった。10

家計消費支出の推移

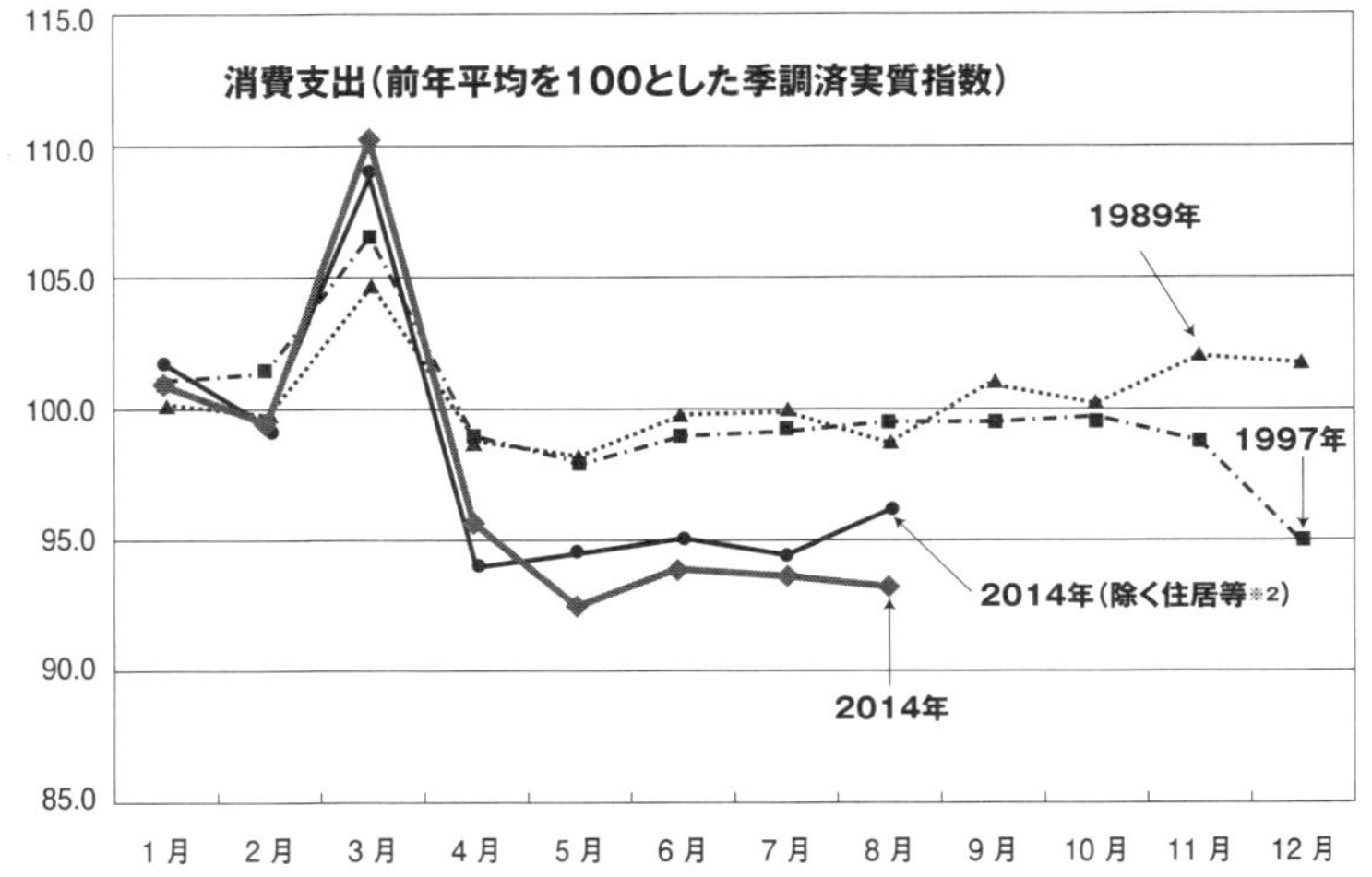

出典：総務省

年ぶりの現金給与総額の高い伸びが記録されたとはいえ、それでもインフレを差し引いた実質ベースでは、大幅マイナスなのである。

総務省は家計調査と合わせて、過去2回の消費税増税時と比較した家計消費の推移をグラフに示して公表している。1989年4月の消費税導入期、1997年4月の消費税増税期と今回の増税実施期を比較したグラフを示している。いずれも前の年の平均消費支出を100とした指数で表示しているが、今回の増税期においては、過去2回の増税期と比較して、はっきりと分かる大幅な消費減退が生じていることがわかる（P27）。

安倍政権は、この景気の落ち込みについ

て、もはや言い逃れができない状況に追い込まれ、対応に苦慮している。客観的に明らかな事実は、消費税増税の影響が極めて甚大であることだ。問題は、政府とマスメディアが結託して、根拠なく消費税増税の影響が軽微であると言い続けてきた「大本営体質」にある。第二次大戦時、大本営は負けている戦争を勝っていると言い続けた。この大本営体質が、いまの安倍政権と財務省にそのまま引き継がれている。

苦境に立つ安倍政権は、苦し紛れに「天候不順」を逃げ道に使い始めた。7月の台風襲来、8月の大雨被害により、消費が落ち込み、これが経済停滞の主因であるかのような説明を示し始めている。台風や大雨が家計消費に影響を与えたことは事実だが、これらはあくまでも副次的な要因であり、景気が急落している最大の理由は消費税増税と、これに伴う家計実質所得の大幅減少、そして、これらに連動する企業の投資マインドの大幅後退にある。

第2節　日本経罪新聞

２０１４年、日本経済は後退局面に移行した⁉

在庫の増加と外需の影響を取り除いた実質的な経済成長率は、２０１４年４―６月期に年率マイナス17％という空前絶後の落ち込みを示した。文字通り「日本経済撃墜」が生じたのである。この統計数値発表を報じた8月14日付日本経済新聞朝刊は、見出しに驚くなかれ「景気、ゆるやか回復続く」と表現した。ここまで来ると日本経済新聞の大本営体質は見上げたものと言うべきなのかもしれない。

年率17％の実質GDP落ち込みの統計発表を受けて、「ゆるやか回復続く」と表現するのだから、もはやこの新聞に真実は存在しないと言っても過言ではないだろう。日本経済新聞は、２０１４年年初から消費税増税が実施された4月にかけて、4度も1面トップで「消費税増税の影響軽微」との主旨の見出しを掲載した。いずれも、企業経営者などに対するアンケートにおいて、消費税増税の影響がさほど深刻に現れないとの回答が多かったことなどを根拠にしたものであるが、経済専門紙を標榜する新聞が1面トップで報道する最重要経済記事の根幹をなすデータ根拠としては、あまりにも杜撰《ずさん》で希薄なものであった。

消費税増税の影響が軽微であることは、企業経営者の期待や希望であって、客観的な根拠に裏付けられた「予測」ではない。そして現実に発表された統計数値は、この見通しがすべて完全虚偽であったことを示している。

財務省としては、個人や企業経営者の景気マインドが落ち込まないように耳に心地よい発言を報道機関に強制したのだと考えられるが、その広報活動が現実、真実からかけ離れるとなれば、その社会的責任は大きいものになる。

企業は消費税増税の影響が強く現れないと考えれば、4―6月期の生産活動を大幅に抑制しようとしないだろう。家計も先行き景気が悪くならないことを前提に、消費計画を立ててしまうだろう。こうした情報流布が事後的に見て正しいものであるなら、弊害はない。しかし、こうして流布された情報が結果として正しくなく、現実の経済が著しく落ち込めば、人々の生活は、「風説の流布」によって歪められることになってしまう。

企業においては、「意図せざる在庫」＝売れ残りが大量発生し、大きな経済的ロスを抱えることになる。景気が落ち込まないことを前提に社員の新規採用に踏み切った企業が、販売急減と人件費増加のダブルパンチをくらって経営に行き詰まる事態さえ発生しかねない。

家計においても景気が急激に落ち込めば、家計収入に少なからぬ影響が出てくる。景気が悪くなるのなら、切り詰めた生活をしていたはずが、景気が悪くならないと言うから支出を切り詰めなかったため、資金計画が狂ってしまうということも生まれてくる。日本経済新聞は本業とも言うべき経済見通しにおいて大失態を示したのであるから、紙面において謝罪を掲載すべきと言えるだろう。世間では、朝日新聞の誤報だけが攻撃を受けているが、経済問題における日本経済新聞の誤報の実態を明らかにする必要があるだろう。

経済指標を見る限り、日本経済は２０１４年初を境に景気後退局面に移行した可能性が高い。景気の循環変動をとらえる際に、最も役立つ経済指標は、鉱工業生産統計の中の製品在庫率指数である（P32）。GDPを構成する産業別の比率で言えば、製造業はもはや日本経済の２割をも占有していない。景気の善し悪しを見る際に、製造業の動きばかりがクローズアップされるが、製造業の比率は日本経済の２割を下回っている。経済のサービス化が進んでおり、第３次産業のウエイトが圧倒的に高いのだ。

それでも景気循環の変動を読み取る際には、製造業の経済指標が大きな意味を持つ。製造業の比率は２割を切っているが、製造業には在庫の循環があり、この在庫循環と経済全体の循環変動が、基本的にはパラレルに推移しているからである。

在庫循環を重視するべきであるのは、在庫の積み上がり、在庫の減少という在庫循環が、景

鉱工業製品在庫率指数の推移

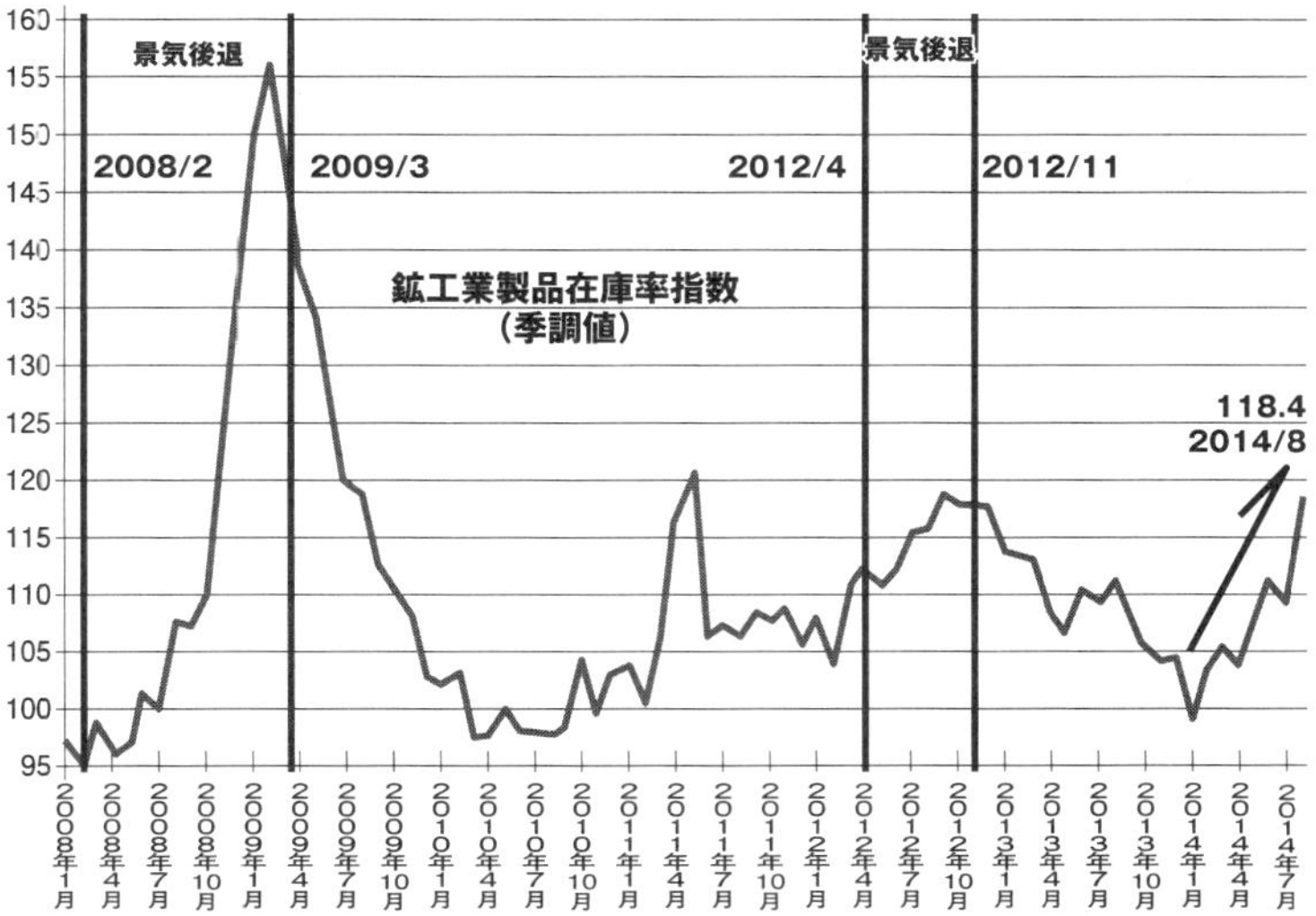

気循環そのものと表裏一体をなしているからだ。この在庫循環を正確に把握することで、経済全体の循環変動を掴むことができる。製品在庫率指数と呼ばれる経済指標は、分母に出荷、分子に在庫を取る指数である。景気の拡大過程で在庫率が低下する。景気の悪化過程では在庫率が上昇する。つまり在庫率のボトムが景気のピーク。在庫率のピークが景気のボトムという関係が生じるのである。

鉱工業製品在庫率指数を見ると、2014年1月に99・3ポイントでボトムを記録した。年初来、在庫率は急上昇し、7月には118・4にまで跳ね上がった。在庫率がここまで跳ね上がると、次に来るのは生産の抑制＝減少である。在庫率の上昇を受けて、企業は生産にブレーキをかける。しかも、家計の所得環境は激烈に悪化している。住宅投資も駆け込み着工の反動で大幅減少を続ける。この状況下で日本経済が本格浮上することは難しい。こうした状況下で、今後の経済政策における最大の鍵を握ることになるのが、12月に見込まれている、消費税増税問題についての最終判断である。現下の情勢下で消費税の追加増税を決定すれば、これが日本経済の致命傷になるだろう。

第2章で考察するが、現在の消費税増税路線は、文字通り「悪魔の政策路線」である。正当性のない政策運営なのである。これを推進しているのが財務省であるが、財務省は安倍政権のもとで日本銀行まで支配下に置いてしまった。この財務省のシロアリ経済政策が日本経済を蝕み、破壊していくことになる。

第3節　株価変動を正確に予測したTRIレポート

中短期の市場変動予測とは？

筆者は「金利・為替・株価特報」という名称の会員制レポートを月2回執筆・発行している。

レポートでは内外の政治・経済・金融問題を論じている。同時に金利・為替・株価の中短期予測を提示している。経済予測の時間軸は多種多様であるが、このレポートがターゲットにしているのは、1ヵ月から3ヵ月の中短期波動の予測である。資金運用戦略の構築には多種多様のスタイルが存在するが、筆者は1～3ヵ月単位の中短期波動を捉える投資戦略構築が最も重要であると判断している。株式の個別銘柄でも同様だが、金利・為替・株価について、1～3ヵ月の変動＝波動を正確に洞察できるか。その的確な予測が投資パフォーマンスを決定的に左右するものと考える。

会員制レポートでは毎号、中短期の投資対象として、参考銘柄を3銘柄掲載している。投資戦略構築において銘柄選択は極めて重要事項であるが、投資パフォーマンスを向上させるうえで決定的な意味を持つのは買付および売却タイミングの選定である。この点を踏まえると、投資戦略構築のための情報誌としての最大の役割は、1～3ヵ月の金融市場変動予測にある。

2013年末から2014年9月にかけて、日経平均株価はチャートに示した推移を示した（P35）。この株価変動において、中短期波動とも呼べるのは次のものである。

2013年11月から年末にかけての株価急伸。2014年初から5月にかけての株価下落。2014年5月中旬以降の株価上昇。さらに細かな波動として、2014年8月の一時的な株価小幅反落を提示できる。

日経平均株価の推移（直近1年間）

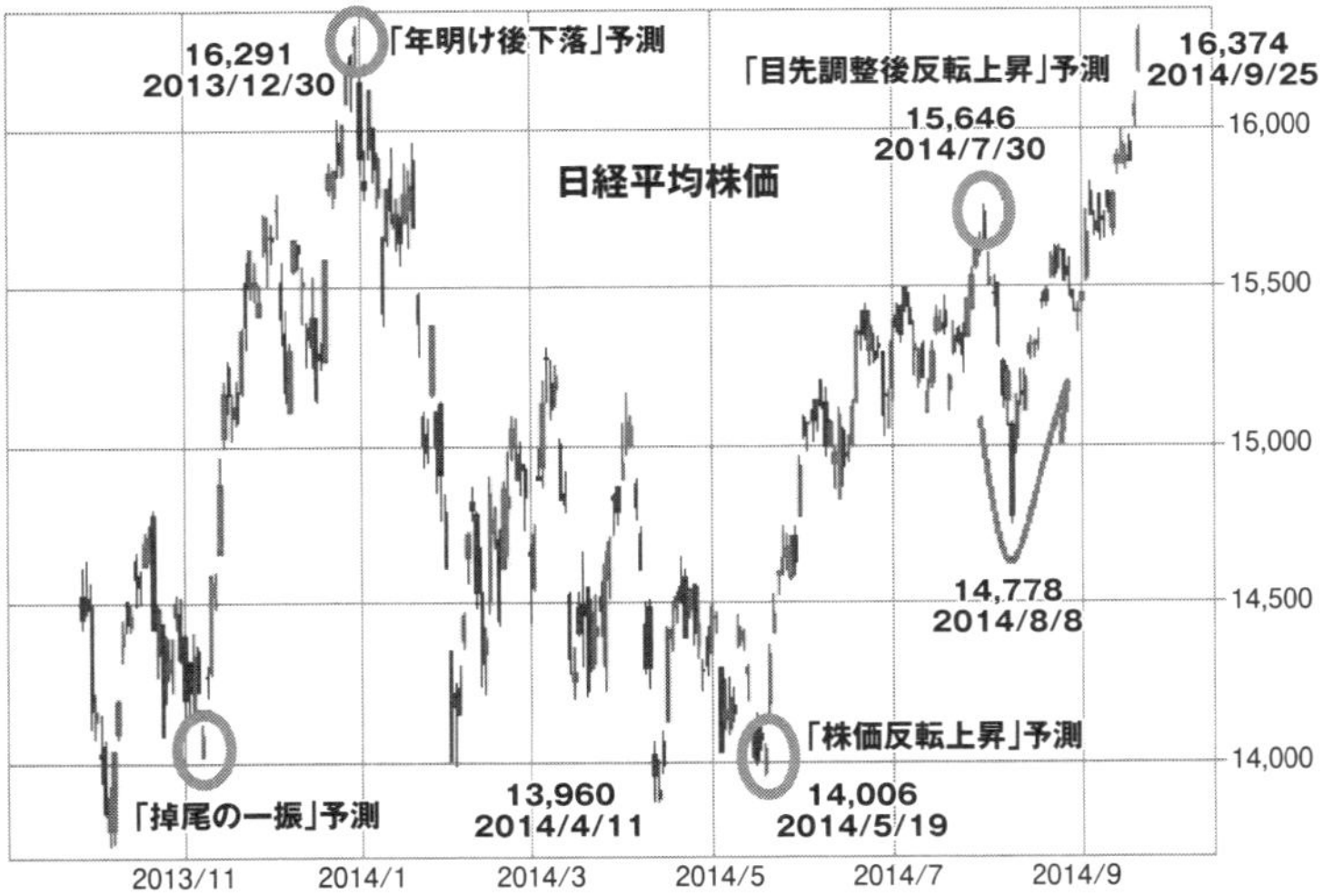

「金利・為替・株価特報」＝TRIレポートは、この中短期波動をほぼ的確に予測した。2013年11月25日号に投資戦略として「目先は掉尾の一振も、大きなリスクが忍び寄る」と題して、年末にかけての株価急伸＝掉尾の一振と、年初以降の株価下落波動を予測した。実際に株価は2013年11月の1万4000円から年末の1万6291円へと急伸し、年明け後に下落波動に転じた。4月11日には1万3960円と1万4000円を割り込んだ。

この株価が5月19日の1万4006円を転換点として上昇に転じ、7月30日に1万5646円、そして9月25日に1万6374円にまで反発した。

TRIレポートでは5月12日号タイトル

を「大増税で超割安水準に下落　日本株価に妙味」として、株価トレンドが下落から上昇に転じるとの見通しを示した。

7月28日号以降、目先の小幅調整の可能性を示したが、小幅調整の後、米国市場が回復すれば、日本株価も反転上昇に転じるとの見通しを提示した。TRIレポートでは、金利・為替・株価の金融市場変数の中短期波動を的確に予測する点に主眼を置いている。この根幹部分において、２０１３年末から２０１４年9月にかけてTRIレポートは高い予測精度を実現できた。

日本経済は4月の消費税増税と共に、「日本経済撃墜」と表現できる状況に陥った。しかしながら、日本株価は日本経済の悪化の深刻さと比較すれば、軽度な下落で反転上昇を実現したと言ってよい。TRIレポートでは5月12日発行号において、株価変動トレンドが下落から上昇に転換するとの予測を提示したが、この株価上昇予測の提示が、日本経済の変動、あるいはその洞察と矛盾しているのではないかと考える人がいるかもしれない。しかし、現実の経済変動・市場変動においては、このような事態は十分に発生し得る。

2つの点を熟慮しなければならない。1つは日本経済の悪化が深刻であるとしても、その影響が金融市場にすでに織り込まれているのかどうかという点である。金融市場参加者が認知していない「未知の変化」が存在する場合には、その「未知の変化」が表面化する際に、その影響が金融市場における新たな価格変動要因になる。

しかしながら消費税増税に伴う深刻な影響を金融市場が客観的かつ正確に読み取っており、その影響を価格形成に反映しているならば、仮に消費税増税に伴う経済への影響が深刻であっても、そのことによる新たな株価下落は生じにくくなるのである。すなわち、すでにその影響を、その時点の株価が吸収してしまっている場合が多いのである。これを市場の言葉では「織り込み済み」と表現する。

もう1つの重要な視点は、株価変動を判断する際に、現時点の株価水準が理論的見地から見て妥当と考えられる水準＝株価の理論値に対して、どのような水準に位置しているのかを考えることである。株価の反転上昇を予測した5月12日号のレポートで、全体タイトルに「超割安水準に下落　日本株価に妙味」と表現した。つまり、日本の株価は企業収益および金利等から判断できる適正株価水準に対して大幅に低い水準、ディスカウントされた状態にあるとの判断から、これ以上の株価下落が生じにくいと判断したのである。

「理論的適正値」と「現実の価格」は乖離する

金融市場変動を予測する際に、どうしても欠くことのできないいくつかの判断材料が存在する。第1は、経済全体がどのような方向に変化するのかという洞察である。その決定要因は、経済自体が備える、いわゆる自律的な経済変動のメカニズムにおいて経済が向かっている方向と、外から人為的に加えられる影響による変化の方向の2つである。経済変動の方向を予測するには、この2つを総合して考察しなければならない。

外から人為的に加えられる影響には、経済政策による影響と、何らかの予期しがたい突発要因による影響の2つがある。経済政策がどのような方向に運営されるのか。さらに、戦争の発生や原油価格の急騰などのような、いわば地政学リスクを含む外的な変化による影響を総合して考察しなければならないのである。

第2の洞察は、上記の市場変動要因について、金融市場がどこまでその要因を「織り込んでいるのか」を正確に判断することである。重要な価格変動要因を発見しても、その要因をすでに金融市場参加者が熟知しており、その時点の価格に「織り込んでしまっている」場合には、その要因による新たな価格変動は生じないことになる。

ところが、状況によっては、金利、為替、株価などの価格変数に重大な影響を与える重要な変化要因が、市場参加者によって十分認識されておらず、したがって、その時点の価格に反映されていない場合が発生し得る。

2014年の年初、筆者は消費税増税の影響は極めて深刻であるとの洞察を有していたが、金融市場参加者の多数勢力は政府の御用情報に汚染されていたのか、消費税増税の影響はさほど深刻ではないとの判断に傾いていた可能性がある。

ところが、現実に消費税増税の影響が大きいということになれば、市場参加者の判断と現実＝真実との乖離が、新たな価格変動を引き起こす要因になり得る。現実の変化＝真実の変化を市場が織り込んでいるのか、いないのか。織り込んでいる場合には、どこまで正確に変化を織り込んでいるのかを洞察することが必要になる。

同時に重要なことは、金融市場変動によって価格が向かう目標値としての、「均衡水準」を想定することである。株価や為替レート、あるいは金利などの金融市場の変数が、理論的適正値＝理論値と一致することは稀である。現実の金融市場変数は理論値から乖離している場合が多いのである。重要なことは、現実の価格水準を観察する際に、理論的適正値＝理論値＝均衡値を、自分の頭のなかに想定しておくことである。

金利、為替レート、株価などの金融市場変数は、中期的に理論的適正値＝理論値の方向に変動することが多い。したがって、常に現実の価格水準の観察と並行して、想定理論値を考察しておくことが大切なのである。

経済政策および外的ショックなどに、どのような外部環境の変化が生じるのか。その変化を金融市場の変数がどこまで現在の価格に織り込んでいるのか。そして、理論的な適正値＝均衡値はどの水準と考えられるのか。この3つを常に意識して考察することによって、中短期変動の的確な予測が可能になる。

第４節　不況下の株高

日経平均株価の適正水準は２万４５００円!!

ＴＲＩレポートでは２０１４年５月12日号で株価変動の基本見通しを「下落」から「上昇」に転換した。消費税増税に伴う日本経済の悪化が最も深刻に進行する最中に、株価見通しを下落から上昇に転換したのである。その理由は前節でも述べたように、消費税増税に伴う経済悪化という現実を金融市場がすでに織り込み、それを現実の価格形成に反映したと判定したからである。

この判断の背景に、日本株価の理論的適正水準が現状よりも遥かに高いとの洞察があった。適正株価算出の基準に置いているのが「株式の適正益利回り」という概念である。

日経平均株価のＰＥＲ（株価収益率）は、15倍近辺で推移している（Ｐ41）。これはニューヨ

東証株価指標と日経平均株価仮定計算値

株価収益率（連結決算ベース） （2014年9月19日現在：日経平均株価16,321円）

日経平均	前期基準	予想
日経平均	15.83 倍	15.74 倍
JPX 日経 400	15.90 倍	15.67 倍
日経 300	16.53 倍	16.29 倍
日経 500 平均	16.83 倍	16.46 倍
東証 1 部全銘柄	16.84 倍	16.51 倍
東証 2 部全銘柄	16.70 倍	15.97 倍
ジャスダック	19.24 倍	16.57 倍

株式益回り（連結決算ベース） （株式益利回り4%=PER25倍該当平均株価は24,713円）

日経平均	前期基準	予想
東証 1 部全銘柄	5.93%	6.05%

PER株式益回りの格差から判断する基準株価

株式の益利回り とは $\frac{一株利益}{株価}$ PER $\frac{株価}{一株利益}$ の逆数
株式の益利回り−債券利回り= 利回り格差 =イールドスプレッド
標準的な利回り格差を 3% と考えて、株価の基準水準 を想定

債券利回りが1%の国=株式の益利回り4%を標準と考える
株式益利回り4%=PER　25倍
日本の債券利回りが1% で安定推移するなら PERは25倍 で妥当

（今期予想利益基準での PER25 倍は日経平均株価 24,713 円）

債券利回りが3%の国=株式の益利回り6%を標準と考える
株式益利回り6%=PER　16.7倍
米国の債券利回りが3% で安定推移するなら PERは17倍 で妥当

債券利回りが4%の国=株式の益利回り7%を標準と考える
株式益利回り7%=PER　14.3倍
米国の債券利回りが4% で安定推移するなら PERは14倍 で妥当

ークダウのＰＥＲ水準とほぼ同じである。世間一般では、米国の株価ＰＥＲが15倍であるなら、日本株価のＰＥＲ15倍が適正水準であるとする主張が圧倒的に多い。

しかし筆者は、この判断が間違いであることを強調してきた。ＰＥＲは株価を1株あたり利益で除したもの。株価が1株利益の何倍であるかを示す数値である。その逆数を１００分比で表したものが「株式の益利回り」である。

筆者が重視している判断基準は、この株式の益利回りと債券利回りとの間に一定の関係が存在するという考え方である。債券と比較すれば、株式は価格変動が大きい分だけ、価格変動リスクの大きな資産と言える。

債券は満期まで保有すれば額面金額が償還される。デフォルトというリスクは存在するが、デフォルトが生じない状況では、満期保有によって債券投資利回りは確定利回りとなる。これに対して株式の所有期間利回りは大幅に変動する。企業が生み出す利益の一部は、配当金として投資家の手元に分配されるが、株価が激しく動く場合、株式の所有期間利回りは大幅なマイナスさえ記録する。株式投資には大きなリスクが伴うため、投資家は一般に債券利回りよりも高い平均期待利回りを株式投資に要求すると考えられるのだ。

このとき、投資家が要求する株式に対する平均利回りと、債券投資に求める平均利回りの間に一定の乖離があると考えるのである。市場環境によって、この乖離＝リスクプレミアムは変動すると考えられるが、その平均的な乖離水準を想定し、その想定に基づいて1つの参考値として株価の均衡水準を念頭に置くのである。

その際に重要なことは、たとえば日本と米国で、債券利回りの水準に大きな差が存在することである。現時点の債券利回りでは、日本の10年国債利回りが0・5％程度であるのに対して、米国10年国債利回りは2・5％程度の水準にある。したがって投資家が要求する株式に対する利回りにも、日米の利回り間に同程度の差があっておかしくはないと考えられるのである。

筆者は日本の長期金利変動の中心として、1％という利回りを想定し、株式益利回りと債券利回りの乖離を3％と置くことを基準と考えている。この場合、日本の株式益利回りは4％程度が妥当ということになる。これをPERに換算すれば、PER25倍という数値が得られる。日経平均株価のPER水準は、現在15倍程度の水準にあるが、これが25倍程度にまで上昇する余地があると考えられるわけである。つまり日経平均株価1万6000円が現状であるとすれば、この株価は2万4500円程度にまで引き上げられておかしくないということになる。

あるべき財政構造改革とは真逆の方向に進む政府と財務省

日本経済が2015年にかけて順調な景気回復軌道を歩む一方で、日本の長期金利が低位安定を示すならば、日経平均株価は2万4500円程度にまで上昇しておかしくないということになる。安倍政権の経済政策の舵取りいかんでは、その可能性は十二分に存在する。安倍晋三氏が長期政権を狙うのであれば、この道を選択するのが適正である。その実現には消費税増税の凍結が必要不可欠である。消費税増税を凍結し、当面は、日本経済の回復誘導を基軸に経済政策を運営することを宣言するならば、日経平均株価は2015年半ばまでに2万4500円水準に上昇すると考えられる。

この方向に日本経済を誘導するのが正しい経済政策運営スタンスである。株価上昇に連動し、日本経済は安定的な成長軌道に移行し、その結果として、循環的な要因による財政収支改善が実現する。増税をしなくても財政赤字削減を見込むことができるのである。

真の財政構造改革とは、政府支出のムダを切り、最低限の課税で最高水準の社会保障・社会福祉を実現することである。現在の財政運営は、ムダな支出満載の財政支出を膨張させ、他方で社会保障を切り刻み、一般庶民に過酷な課税を強行するというものであり、理想の財政運営、理想の財政構造改革と真逆の方向に進んでいる。

消費税を大増税したところで、その資金は官僚利権と政治屋利権に注ぎ込まれるだけである。社会保障は無残に切り刻まれ、庶民は重税にあえいで日々の生活にも苦難を強いられるという現実が創造されている。

しかしながら、財務省はこれで良いと考えている。財務省の眼中に、国民の生活も社会保障の充実も存在しない。彼らは、ただひたすら官僚利権の財源としての税源確保だけに関心を寄せている。そして、その増税を実現するためには手段を問わない。ウソの情報が流布されて、正統性のかけらもない、歪んだ経済政策が実行される。

安倍政権は日本経済を本格浮上させるチャンスを保持しているが、２０１５年にかけてそのチャンスを生かすかどうかが不透明である。現在最も有力な政策路線は、消費税再増税の実施と、巨大バラマキ補正予算編成の組み合わせである。財務省は消費税増税の果実を手中に収められるなら、巨大補正予算編成を呑む腹積もりである。そしてその巨大補正予算は、社会保障制度の拡充に向けられるのではなく、ほぼそのすべてが官僚利権と政治屋利権に振り向けられるはずである。

２０１３年9月3日の内閣改造で新たに地方創生担当大臣が設置され、自民党幹事長であった石破茂氏が就任した。安倍政権が２０１５年の経済政策の柱に据える地方創生とは、２０１５年4月に実施される統一地方選に向けての、いわば国策による買収工作政策と言って良い。この道消費税を増税し、巨大なバラマキ利権予算を編成する可能性が高まっている。しかし、この道を選択する場合、金融市場は日本経済の先行きに対して強い警戒感を保持することになると考えられる。

第2章で論じるように、9月3日の内閣改造は、第1の特徴として「消費税増税シフト」の側面を強く有する。いかに巨大な補正予算を編成したとしても、この方向に進む場合、GDPの6割を占める個人消費が一段と萎縮することは想像に難くない。消費税追加増税政策は亡国の施策であり、この方向に経済政策運営が進行する場合には、日本経済の先行きに大きなリスクが浮上し、株式市場はそのリスクに反応することになると考えられるのである。

[会員制　ＴＲＩレポート]
正式名称『金利・為替・株価特報』
毎月２回発行　毎号A4版15～16ページ
クロネコヤマトメール便による個別送付
株式投資参考銘柄を毎号３銘柄掲載
詳しくはスリーネーションズリサーチ社
ＨＰをご参照ください。
URL ： http://www.uekusa-tri.co.jp/report/index.html

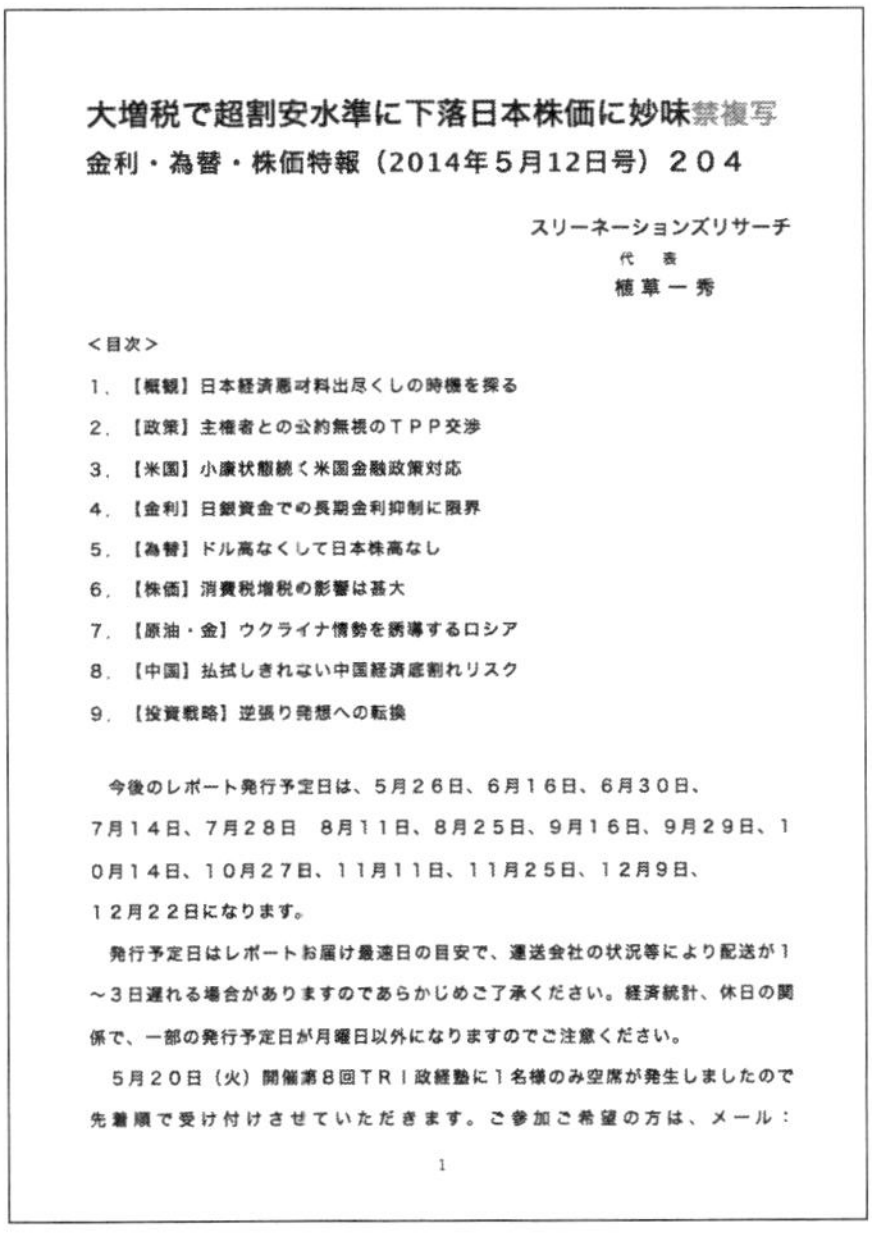

大増税で超割安水準に下落日本株価に妙味禁複写
金利・為替・株価特報（2014年5月12日号）２０４

スリーネーションズリサーチ
代表
植草一秀

＜目次＞

1．【概観】日本経済悪材料出尽くしの時機を探る
2．【政策】主権者との公約無視のＴＰＰ交渉
3．【米国】小康状態続く米国金融政策対応
4．【金利】日銀資金での長期金利抑制に限界
5．【為替】ドル高なくして日本株高なし
6．【株価】消費税増税の影響は甚大
7．【原油・金】ウクライナ情勢を誘導するロシア
8．【中国】払拭しきれない中国経済底割れリスク
9．【投資戦略】逆張り発想への転換

今後のレポート発行予定日は、５月２６日、６月１６日、６月３０日、７月１４日、７月２８日　８月１１日、８月２５日、９月１６日、９月２９日、１０月１４日、１０月２７日、１１月１１日、１１月２５日、１２月９日、１２月２２日になります。

発行予定日はレポートお届け最速日の目安で、運送会社の状況等により配送が１～３日遅れる場合がありますのであらかじめご了承ください。経済統計、休日の関係で、一部の発行予定日が月曜日以外になりますのでご注意ください。

５月２０日（火）開催第８回ＴＲＩ政経塾に１名様のみ空席が発生しましたので先着順で受け付けさせていただきます。ご参加ご希望の方は、メール：

1

第2章

安倍増税内閣の命運

第1節　第二次安倍改造内閣3つの狙い

安倍首相が自民党内の人事権を掌握

安倍晋三首相は、２０１４年9月3日、自民党役員人事と内閣改造を実施した（P75）。通常の内閣改造手続きにおいては、前日に自民党役員人事を終えて、日を改めて内閣改造が行われるが、今回は自民党役員人事と内閣改造が同日に実施された。自民党役員人事が先行する場合、内閣改造において自民党役員の了解が前提となる。これに対して役員人事と内閣改造の同日決着の場合には、すべての人事采配を総理大臣が一手に担うことになる。安倍晋三氏は、自民党内におけるすべての人事権を掌握していることをアピールしたことになる。

２０１２年の自民党総裁選において、日本全国の党員票において首位に立ったのは石破茂氏であった。この劣勢を国会議員投票で覆して首相に就任したのが安倍晋三氏である。２０１２年12月の政権発足に際して安倍氏は石破茂氏を自民党ナンバー2の地位である幹事長に就任させた。２０１５年秋には自民党総裁の3年の任期が切れるため、石破氏はこの総裁選での総裁就任の野望を隠さない。

自民党役員人事も内閣改造も人事権は首相にあるが、この石破氏が今回人事では、人事実行前にラジオ番組で幹事長続投の意欲を示した。安倍首相は内閣改造において新設する安保法制担当大臣として石破氏を起用する意向を示唆してきたが、石破氏はこの人事を拒絶する意向を示すと共に、幹事長続投の希望を世間に公表したのである。

安倍氏は、あからさまに存在感を誇示する石破茂氏の存在を、長期政権を狙う立場から極めて不快なものと受け止めた模様である。２０１５年9月の自民党総裁選での総裁続投を確実にするためには、石破氏台頭の芽を早く摘んでおかなければならない。この思惑が石破氏の処遇に影響した最大の要因であったと思われる。

安倍首相は石破氏に安保法制担当大臣への就任を打診したと見られている。石破氏の幹事長続投を排除し、石破氏を内閣に取り込む。２０１５年の通常国会では、集団的自衛権行使容認の閣議決定に具体的な法的根拠を与える安保法制審議が最大の難所になると見られている。この法案審議の責任を石破氏にかぶせ、石破氏の勢いを止めることが目論まれたと見ることができる。石破氏の影響力を低下させるための、三重の意味が込められていた人事案の提示であったと理解されている。

石破氏が安保法制担当大臣への就任を固辞すれば、石破氏は無役となり、自民党内における影響力の後退を期待できる。他方、石破氏がこの提案を呑めば、石破氏を閣内に取り込むと同時に、石破氏に難しい役回りを押しつけることができる。同じ政党の議員でありながら、権謀術数が渦巻く魑魅魍魎が永田町の現実である。

石破氏はこの提案に対し、安保法制担当大臣を固辞する意向を示し、無役に転じる構えを示したが、最終的には新設される地方創生担当大臣を受諾することになった。石破氏を野に放ち、2015年9月の総裁選での反乱を安倍晋三氏が恐れたのか、無役になって影響力が低下することを石破氏の側が躊躇したのか、真相は定かではないが、いわば妥協の産物として石破氏が地方創生担当大臣を受諾することになった。

2015年春には統一地方選が実施される。安倍政権は、この統一地方選に向けて日本全国の各地域にバラマキ予算を計上する計画を進めている。その推進役となるのが、地方創生担当大臣であり、いわば国民の血税を使って統一地方選の買収工作を行うとの意味合いを持っている。

政治は理想の実現の場とはほど遠く、権力と利権をめぐる闘争の場となっている感が一段と強まっている。権力と利権にまみれているのは、政治の側だけではない。権力と癒着し、巨大な利権を懐に入れようとするのは、経済界も同じ状況だ。経団連は政治献金の再開方針を定めた。2009年の総選挙時においては、企業団体献金の全面禁止提案が政権公約にまで盛り込まれる変化が生じたが、時計の針は一転して完全に逆戻りしている。

かねてより「政治とカネ」の問題が取り沙汰されてきたが、突き詰めて考えれば、「政治とカネ」の問題は企業献金の問題である。企業献金が認められれば、資本力で個人を圧倒する大資本が政治を金の力で動かしてしまうことになる。

日本国憲法が定める参政権は本来、自然人である国民に貧富の格差なく1人1票という形で付与されるものであるが、１９７０年に最高裁が八幡製鐵所政治献金事件において、やむなく企業献金を合憲とする判決を示してしまったため、企業献金が合法化されて現在に至っている。結局のところ、この企業献金が政治を動かす最大の原動力になってしまっている。

「政治とカネ」問題の根本的な解決は、企業献金の全面禁止なくしてはありえない。その方向に一歩進んだ論議が完全に先祖返りし、安倍政権のもとで経団連が企業献金を再開するとの意思表示に至り、日本の政治が再び大資本の資金力によって支配される状況に完全に回帰してしまった。

9月3日の自民党役員人事および内閣改造で最も大きなサプライズとされたのは、谷垣禎一元自民党総裁の幹事長就任であった。安倍氏は石破氏の影響力拡大を恐れ、石破氏を幹事長職から外す考えを有していたが、後任の幹事長に小泉進次郎氏や小渕優子氏らを起用する構想もあったと見られている。

小泉進次郎氏や小渕優子氏などの就任となれば、より大きなサプライズであるが、この人事は明確に年内解散といった早期解散・総選挙シナリオに基づくものであると見られている。この構想が退けられ、谷垣禎一氏が起用されたことは、安倍政権の解散・総選挙戦略が9月3日段階では未確定であったことを意味すると考えられる。

内閣支持率引き上げと長期政権実現の目論見

自民党役員人事、内閣改造において、安倍晋三氏が設定した3つの狙いは、次のものであると考える。

第1は、長期政権を実現するため、自民党内の反対勢力を封殺するための布陣を敷くこと。第2は、内閣支持率を高めるために女性を多く起用すること。第3に行き詰まりを示している対韓国、対中国外交の打開を図ること。この3つの狙いをもとに、自民党役員人事と内閣改造が実施されたと考えられる。

まず党内反対勢力の封印について。4つの重要なポイントがある。第1は2015年9月の自民党総裁選における、目下の最大のライバルと目される石破茂氏の影響力を排除することである。既述したように、幹事長職を外して、安倍内閣に取り込んでしまうことが画策された。

石破氏は安保法制担当大臣を固辞したが、結局、地方創生担当大臣を受諾したため、安倍晋三氏は、目論見通り、石破氏を閣内に取り込むことに成功したことになる。

第2のポイントは谷垣禎一氏を取り込んだことである。安倍首相に対する党内の反対勢力が勢いを強める場合、後継総裁として担ぎ上げられる潜在的な候補の筆頭が谷垣禎一氏である。谷垣氏は自民党総裁に就任しながら、首相には就任できずにいる。この谷垣氏を党内反対勢力が担ぎ上げる可能性が考えられる。

しかも政治的な主張では、ウルトラ右翼の安倍氏に対し、谷垣氏はリベラル色が強い。安倍政権のタカ派路線に異を唱える議員が自民党内には多数存在し、この反対勢力が谷垣氏を担ぐということが十分に考えられる。安倍氏はその谷垣氏を幹事長として処遇することによって、安倍政権倒閣運動の火種を排除しようとしたと見られる。

谷垣氏は同時に消費税増税推進論の中核に位置している。この谷垣氏を幹事長に起用することにより、消費税問題についての決着を安倍氏、麻生氏、谷垣氏の三者会談によって決することが可能になる。消費税再増税を先送りする場合にでも、谷垣氏の了解を取り付けてしまえば、党内論議の紛糾を回避することが可能になる。谷垣氏の幹事長起用は、表向きは「増税シフト」実行と見ることができるが、内実は「増税先送り」への対応策でもあると言える。

第3のポイントは二階俊博氏を総務会長に起用したことである。二階氏は関係者への根回し、複雑な問題の調整に威力を発揮する、職人気質を持つ政治家であり、強い党内基盤を有する。同時に韓国、中国に対する人脈においては、自民党内で随一の存在である。

この二階氏を三役の一角である総務会長として取り込むことにより、自民党内の安倍政権に対する不協和音を封じ込めることが目論まれていると思われる。党の政策方針決定は、総務会の了承を必要としており、安倍氏は二階氏を総務会長に起用することにより、安倍氏の方針が自民党の方針として定められることが妨げられる事態を回避しようとしていると考えられるのだ。

二階氏は敵に回さない限りは、極めて力強い陰の援軍になり得る人物であると評価されている。その「力量」で自民党を離党しながら、復党後に実権を得ているのである。

第4のポイントは、自民党内で依然として隠然たる力を有する旧田中派＝旧経世会への強い配慮である。その象徴が、小渕優子氏の経産相への起用、竹下元首相の実弟である竹下亘氏の入閣、さらに旧経世会若手ホープである茂木敏充氏の選挙対策委員長への起用である。

自民党三役である幹事長、総務会長、政調会長に加えて、新たに選挙対策委員長が重要職として位置づけられてきた。三役に選挙対策委員長を加えて四役と呼ばれる。総選挙が2014年から2016年までの間に必ず行われる状況下で、選挙対策委員長の権限は極めて大きい。旧経世会に依然として強い影響力を持つ青木幹雄元参議院議員に対し、安倍氏は最大限の配慮を示したと言える。

青木幹雄氏や元首相の森喜朗氏は、石破茂氏の後ろ盾になっている。この後ろ盾の人物に特段の配慮を示すことが、石破氏の影響力を弱める方策にもなるのである。

こうした点を踏まえてみると、今回の自民党役員人事および内閣改造の第一のポイントは、長期政権実現を狙う安倍氏が、安倍氏に対抗することになる可能性のある勢力を、あらかじめ封印することを狙った点に第一の特徴があると評することができる。その反面として、「主権者である国民の幸福を実現するための布陣」という視点が完全に欠落しているとも言えるのである。

安倍首相が自民党役員人事および内閣改造での狙いに据えた第2は、女性登用のアピールである。安倍氏は内閣改造で総務相に高市早苗氏、法相に松島みどり氏、経産相に小渕優子氏、国家公安・拉致・防災担当相に山谷えり子氏、女性活躍・行政改革・少子化担当相に有村治子氏を起用した。さらに、政調会長に稲田朋美氏を起用した。5名の女性閣僚起用は小泉政権の閣僚5名起用に並ぶ女性の大量登用である。

安倍政権と結託するメディアは内閣改造後に世論調査を実施し、内閣支持率の上昇を報道したが、設問自体が支持率引き上げを誘導するものになっている事例も見られ、いわば「出来レース」的な支持率上昇が演出された。それでも、その効果は持続せず、9月下旬実施の世論調査では、早くも支持率再低下が示され始めている。

安倍政権を支援するメディアは女性登用を大きく掲げており、女性がこのことを歓迎する傾向を示しているのは事実である。安倍政権は政策運営において、特定秘密保護法の強行制定、集団的自衛権行使容認の閣議決定強行など、戦争推進＝タカ派色を色濃く示している。このことから、一般的には女性の支持率低下が顕著に観察されており、このことを意識して、安倍氏は人事において女性の大量起用を実行したのだと思われる。

とはいえ、その顔ぶれを見ると、基本的に安倍氏の右翼体質にエールを送る「愛国婦人会」的な色彩の強い顔ぶれが並ぶ。小渕優子氏だけはその色彩を持たず、年齢も若く、人に与える印象も悪くないため、安倍政権はメディアに小渕優子氏のクローズアップを要請し、マスメディアがこれに対応しているように見える。

しかし、他のメンバーの右派色は顕著であり、早速、稲田朋美氏と高市早苗氏は、ネオナチを自称する人物による、日の丸を背景に撮影した稲田氏および高市氏とのツーショット写真のネット上での公開事実を、海外のメディアによって批判的に紹介された。

さらに、山谷えり子氏は、ヘイトスピーチで問題を引き起こしてきた排外主義団体である、在特会＝「在日特権を許さない市民の会」の元幹部である増木重夫氏らとの記念写真が公開され、さらに、在特会が関与する団体の顧問をしてきたことが指摘された。さらにネット上では、安倍晋三氏が増木重夫氏と撮影したツーショット写真と見られるものも公開されている。女性の多数登用とはいえ、安倍政権の女性登用には著しい「偏り」が確認できるのである。

中国、韓国との外交関係は改善するのか？

安倍晋三氏が今回人事で狙いとした第3の事項は、中国、韓国との外交関係の立て直しである。安倍氏は中国、韓国が自粛を求めている靖国神社参拝をあえて強行実施した。中国や韓国に対し、挑発的な行動を取ることが国民の浅薄なナショナリズム感情を刺激し、政権支持率を引き上げるのに好都合だと考えているからであると思われる。

しかしながら、この安倍晋三氏のかたくなな姿勢により、日中関係、日韓関係は氷結状態に陥っている。日中、日韓の友好関係を築き、相互の信頼と互恵的な発展を図ることが、敵対的な関係の構築よりは遥かに賢明な路線であるが、安倍氏はかたくなに、対中国、対韓国外交において敵対的な姿勢を維持している。

このために日中首脳会談、日韓首脳会談さえ実現できない異常な状態が政権発足後、2年間持続している。安倍晋三氏は表向き、この外交姿勢を修正する言動を示さないが、内面においては動揺をきたしていることが、今回の人事で明らかになった。自民党幹事長に谷垣禎一氏を起用し、総務会長に二階俊博氏を起用したことが、安倍氏が本音ベースでは日韓関係と日中関係の改善を渇望していることの表れである。

福田康夫元首相が訪中し、習近平首席と会談したことが明らかになった。福田康夫氏は、要請があれば安倍政権の対中国関係改善に向けて橋渡しの役割を担うとの意思を表示したものと受け取れるが、安倍晋三氏はこの路線にはそのまま乗らず、谷垣氏と二階氏に関係改善を委ねる行動を示した。

もとより安倍晋三氏は福田康夫氏とそりが合わず、安倍氏はそりの合わない福田康夫氏に借りを作りたくはないのかもしれない。とはいえ、政治の世界では「昨日の敵は今日の友」もいくらでも発生するわけで、利害と打算が変化すれば、状況はいつでも変化し得る。

それはともかく、今回の人事は、安倍政権自身が対中国、対韓国外交の行き詰まりで往生していることの表れである。安倍氏は谷垣氏と二階氏に対中、対韓関係の改善を委ね、2014年11月に北京で開催されるAPEC首脳会合での日中首脳会談、日韓首脳会談開催にこぎつけたいのだと思われる。

第2次安倍政権が発足し、2014年12月で丸二年の時間を経過するが、2015年の9月の自民党総裁任期切れを視野に入れ、なんとしても長期政権を担いたいとの安倍氏の願望を表現した自民党人事と内閣改造になった。

しかしながら、政策路線そのものについては、菅義偉官房長官、麻生太郎財務相、岸田文雄外相、下村博文文科相、甘利明経済財政担当相が留任するという人事であり、基本的な骨格はほとんど変化しない。

また、安倍氏は内閣総理大臣のＮＨＫに対する人事権を濫用して、ＮＨＫ支配を強めているが、ＮＨＫを所管する総務相に、やはり右旋回のイメージの強い高市早苗氏を起用した。引き続きＮＨＫを完全支配下に置くことを印象付けた感が強い。

「みなさまのＮＨＫ」と繰り返すＮＨＫであるが、実態は完全なる「あべさまのＮＨＫ」に変質してしまっている。このＮＨＫ支配に密接に関わる閣僚が総務相であり、この総務相に、いかにもメディアコントロールをさらに強める気配を濃厚に漂わせる高市早苗氏を起用したのである。

第一次安倍政権では総務相に菅義偉氏が起用された。この菅氏こそ、政治権力によるＮＨＫ支配を具体的に推進した張本人である。昨年来のＮＨＫ経営委員人事、会長人事、理事人事を裏で仕切ったのが菅義偉氏である見られている。第二次安倍改造内閣においては、安倍―菅ラインに高市氏が加わることになり、より露骨なＮＨＫ支配＝ＮＨＫの偏向報道が推進されることになると思われる。

第2節　消費税と解散戦略をめぐる3つのシナリオ

消費税増税から解散・総選挙へのシナリオ

安倍政権の行く手には、5つの重大な問題が立ちはだかっている。日本国民の命運を分かつといっても過言ではない重大な問題である。その5大問題とは、原発、憲法、TPP、消費税、そして沖縄基地の問題である。この5つの問題が2014年末から2015年前半にかけて大きなヤマ場を迎える。この問題にどのように立ち向かうのかは、日本の主権者国民の未来を根底から左右するだけでなく、安倍政権の命運そのものにも重大な影響を与えることになる。

今回の自民党役員人事および内閣改造から窺われるのは、長期政権を目論む安倍晋三氏が、今後の政局シナリオを何通りか想定していると考えられることである。この点に関して、筆者は、3つのシナリオを提示しておく。

この3つのシナリオの、いずれかに沿う流れが展開される可能性が高いのではないかと考える。現時点で安倍晋三氏自身が特定のシナリオを確定しているのではないと考えられる。今後の経済および政治の情勢を踏まえて、選択されるシナリオが決定されてゆくことになると思われる。

今後の政権運営および政局に重大な影響を与える最重要のファクターは、２０１５年10月に予定されている消費税率の10％への引き上げである。消費税は１９８９年４月に導入された。竹下政権が導入したのだが、竹下政権は消費税の導入と引き換えに退陣を迫られることになった。導入された消費税の税率は３％であった。

この税率を５％に引き上げたのが橋本龍太郎政権である。97年４月に税率は５％に引き上げられた。しかし、この増税が日本経済を撃墜し、橋本政権は98年７月の参院選で敗北し、退陣に追い込まれたのである。

この消費税が２０１４年４月に８％に引き上げられた。税率の引き上げは３％であり、その深刻な影響が日本経済に広がっていることは第１章に記述した通りである。極めて甚大な影響が広がり、日本経済が再浮上する気配は生じていない。

このなかで１年半の時間差を置いて、２０１５年10月に消費税率が10％に引き上げられることになっている。安倍首相は２０１４年12月までに、この増税を実施するかどうかを最終判断するとしている。２０１４年度の増税については、２０１３年８月発表の２０１３年４—６月期ＧＤＰ統計発表の数値を見て判定するとされたが、今回は４—６月期ではなく７—９月期の

ＧＤＰ統計を見て判断するとされている。４―６月期のＧＤＰは既にマイナス７・１％と発表されている。４―６月期は消費税増税の影響で成長率が激しい落ち込みを示すため、この数字を見て判断することが忌避された。７―９月期はその反動が表れると予想されるため、増税決定に都合の良い数値が増税決定のカギを握る統計数値として選択されたのである。

各種世論調査は、国民の６割から８割が２０１５年10月の消費税再増税に反対であるとの世論を示している。この消費税増税を断行してしまうのか、それとも先送り、あるいは凍結するのか。これが２０１４年末にかけての最重要の政治判断になる。

消費税再増税問題の判断が、解散・総選挙のシナリオと直結すると考えられる。基本シナリオを３つ提示できる。２０１２年12月に総選挙が実施されたから、任期満了は２０１６年12月である。いまから２年間の間に衆議院選挙が実施されることになる。

長期政権を実現した小泉純一郎政権は、２００１年４月に政権が発足し、２００６年９月まで５年半の長期間にわたって政権を維持した。この小泉政権は２００３年に、「りそな危機」に代表される日本経済の壊滅的な悪化を生み出したが、この危機を公約とは真逆の「公的資金による銀行救済」で逃げ延びた。公的資金による銀行救済で、株価が反発したのは当然のことだった。総選挙は金融危機のピークから半年経過した２００３年11月に実施された。株価反発で小泉政権は壊滅的な敗北を免れたのである。

この小泉政権は、この選挙から2年もたたぬ２００５年9月に、いわゆる「郵政解散選挙」を実施して大勝した。この選挙に勝ったことで、小泉政権は強い政権基盤を確保したのだが、郵政解散・総選挙は、衆院任期4年間の折り返し地点を経過する前に実施された。

安倍晋三氏は、２０１２年12月の総選挙で、野田佳彦民主党が自爆解散したために、何もせずに大勝利を手にした。敵が大勝利を貢いでくれたわけである。

この安倍政権が、本当の意味で強い政権基盤を構築しようとするなら、自らの手で解散・総選挙を断行して勝利を得ることが必要である。このようなアドバイスを、中曽根康弘元首相が安倍氏に授けたと見られている。

したがって、第二次安倍改造内閣が、政権発足後丸2年に満たぬ時点で解散・総選挙に打って出る可能性は十分に考えられる。既述した通り、今回人事で安倍氏は自民党幹事長に小泉進次郎氏や小渕優子氏などを起用する人事案を保持していた可能性がある。これは、年内解散・総選挙を睨む戦術であったと考えられる。

しかし、年内解散・総選挙を実施できる条件が整わないなかで、２０１５年以降の解散・総選挙シナリオを検討せざるを得ず、その可能性を踏まえて谷垣禎一氏を幹事長に起用したものと考えることができる。

想定されるシナリオの第1は、年末に消費税再増税実施を決定し、２０１５年半ばに解散・

総選挙を実施するというものである。２０１５年の増税実施とは、現在の基本路線である２０１５年10月に消費税率を10％に引き上げるものだ。

衆議院は２０１６年12月に任期満了を迎えるが、この２０１６年夏に参院選が実施される。圧倒的多数勢力を確保している衆議院の現況を、できるだけ長期間維持しようとする場合には、衆院の解散・総選挙時期は２０１６年ということになる。このケースでは、２０１６年夏の衆参ダブル選の可能性が強まる。しかし、消費税再増税を２０１５年10月に実施する場合には、この選択は極めて困難になる。

なぜなら、消費税の税率が10％に引き上げられた後に、日本経済が最悪の状況を迎えることになると考えられるからである。２０１６年夏に衆参ダブル選を行う場合、選挙前に発表される最新のＧＤＰ統計が２０１６年１—３月の数値になる。消費税率10％への引き上げ後、日本経済が最悪の経済状況に陥るなかで、その現実が数値として確認されることになるのが、２０１５年10—12月期および２０１６年１—３月期になる。壊滅的な経済状況を示す経済統計が発表されるなかで解散・総選挙を打てば、主権者の強い反発を受けて安倍自民党が大敗する可能性が高くなる。

安倍氏としては、このリスクを取りたくないはずだ。したがって安倍政権が２０１４年12月に、２０１５年10月の消費税再増税を決定する場合には、この増税を実施する前に解散・総選挙を打つ可能性が高いということになる。

安倍政権は2015年4月の統一地方選に向けて日本全国の各地域に血税をばらまく「地方創生」という名の選挙対策買収資金を大量放出する可能性が高い。巨大な血税を注ぎ込むのなら、その勢いが最も強い局面で、解散・総選挙を打つのが得策ということになる。

つまり、第1のシナリオとして想定されるのは、2014年末に2015年10月の増税断行を決定した後に、実際に再増税を実施する前になる2015年夏に解散・総選挙を断行することである。永田町で最有力の政局シナリオは、この消費税再増税実施・2015年央の解散・総選挙シナリオということになる。

2014年内解散・総選挙の可能性

筆者は2015年10月の消費税再増税に強く反対する。この増税が日本経済にとどめを刺し、日本経済の先行き見通しを完全に下方屈折させることになると考えられるからだ。増税を推進する麻生太郎財務相、谷垣禎一自民党幹事長、黒田東彦日銀総裁の3名は、増税を決定しないと日本国債が暴落するとの脅しをかけ始めているが、国債暴落を誘導しているのは、実は日銀の金融政策である。この点については第5章で詳述するが、正道を踏み外す邪道の経済政策、金融政策が実行されていることが重大な問題である。

第2のシナリオは、消費税増税を先送りするケースである。安倍晋三氏のブレーンを務めていると言われる本田悦朗静岡県立大教授は、消費税率の10％への引き上げを２０１７年4月へと、1年半先送りするべきとの提案を示している。追加増税の1年半先送り提言である。

日本経済の状況は刻々悪化しており、このまま経済の低迷が持続する場合、２０１５年10月の消費税再増税が先送りされる可能性は十分にある。増税を先送りする場合、日本の株価が反発して、経済が一定の改善を実現する可能性がある。この場合には、解散・総選挙日程選択の余地は広がる。２０１５年央の可能性もあるし、２０１６年夏の衆参ダブル選の可能性も浮上するかもしれない。

２０１５年前半には、原発再稼働、集団的自衛権行使容認の閣議決定に関連する安保法制の制定、ＴＰＰへの参加、沖縄基地建設推進など、安倍政権の支持率を低下させかねない重要案件が山積している。政権支持率が低下すれば、解散・総選挙を２０１６年に先送りすることも考えられるため、消費税再増税先送りのケースにおける解散・総選挙時期の選定は、今後の経済状況と内閣支持率推移に依存するということになる。

そして、第3のシナリオが存在する。サプライズシナリオと言ってよいだろう。それは12月の消費税再増税問題決着の前に解散・総選挙を断行してしまうというものだ。消費税再増税は選挙後に実施を決定する。しかし、選挙中には、判断を明示しない。「GDP統計を見て判定する」と逃げておくわけだ。

消費税再増税の問題だけでなく、集団的自衛権行使容認関連の安保法制、TPP参加、原発再稼働、沖縄基地建設強行など、国民の反対意見が多い問題については、国会の数の力で強行突破してしまう。先に解散・総選挙を済ませてしまっておけば、国民に不人気の政策で強行突破しても、政権基盤が重大な危機に晒される事態を回避できることになる。

もちろん、選挙に勝ってしまえば、2015年9月の自民党総裁任期切れでは、安倍氏の無投票再選が決定されることになる可能性が高い。

自民党幹事長には、小泉進次郎氏や小渕優子氏などではなく、谷垣禎一元総裁が起用されたのだが、この人事は年内解散と解散先送りの双方を両にらみできる戦術であるとも言える。

年内に解散・総選挙が行われる条件は2つだ。1つは内閣支持率が上昇すること。いま1つは、解散・総選挙の大義名分が成り立つこと。

この点を踏まえると、年内解散・総選挙が現実化するカギを握るのは、安倍政権の外交対応であるということになる。外交上の目玉の1つはロシアのプーチン大統領訪日と北方領土問題の進展である。このシナリオを念頭に置いて、安倍氏は10月にプーチン・ロシア大統領の訪日を求め、この機会における北方領土問題決着を企図してきたと見られる。

2島返還で手を打つとともにロシアの天然ガス開発に日本が全面協力し、ロシアから日本への天然ガスパイプライン敷設計画を決定する。さらに、日ソ平和条約締結を具体化する構想が練られてきたと思われる。

ところが、ウクライナ政変とそれに連動する西側諸国による対ロ経済制裁実施により、このシナリオが崩壊した。G7諸国がロシアに対する制裁を強めるなかで、安倍政権は日ロ関係の進展にブレーキをかけよと命じる米国の指令に従わざるを得なくなった。

日本の選択肢は、何も米国に隷従することだけにあるわけではない。しかし、安倍政権の基本は対米隷従であり、米国の指令、命令に逆らって、日本独自の外交を展開する器量も度量も安倍晋三氏は持ち合わせていない。結局、プーチン・ロシア大統領の年内訪日の可能性は限りなく低下してしまったのである。

もう1つの目玉になり得る事項が、北朝鮮による拉致被害者の帰国実現である。2002年に日本経済が激烈に悪化した際、小泉政権は内閣支持率の急落を、拉致被害者の帰国実現で急回復させた。拉致被害者の帰国を実現することは、被害者、被害者家族にとっての悲願であるばかりでなく、日本国民全体の悲願であり、問題解決に向けての前進は、言うまでもなく望ましいことである。

それでも、政治権力においては、こうした事案についても、常に内閣支持率上昇という、政権の基盤強化の1つの材料として見つめる風潮が根強いのである。

北朝鮮は2013年以来、拉致問題に対する姿勢を柔軟化させる変化を示してきた。北朝鮮最高指導者の地位に金正恩氏が就任して以降、北朝鮮ナンバー2の地位にあった張成沢氏が粛清された。張成沢氏は北朝鮮と中国との間をつなぐ役割を担ってきたと見られるが、張成沢氏粛清によって北朝鮮と中国の関係に空白が生まれたと推察されている。

そのために、北朝鮮の最高指導者である金正恩氏が日本との関係を改善させて、日本からの経済支援を得ることに注力し始めたと理解されている。こうした背景で、拉致問題について、急速な事態進展が生まれるのではないかとの期待が広がったのである。

安倍政権は2002年の小泉政権のサプライズ外交戦術の体に倣い、北朝鮮から拉致被害者の帰国を実現し、これを政権浮揚に利用しようと目論んでいると推察される。2014年9月から10月にかけて、北朝鮮による拉致被害者問題に関する第1次調査報告が提示されることになっており、この流れのなかで安倍政権は、10月中もしくは11月中の拉致被害者の帰国実現に期待をかけている。

他方、国会においては、安倍政権が7月1日に強行した集団的自衛権行使容認の閣議決定に対する反発が広がっている。解散・総選挙の大義名分として、9月29日に招集された臨時国会の会期中に、たとえば集団的自衛権行使容認の閣議決定の是非について国民の信を問うとの大義名分で衆院解散を断行する可能性がないとは言えない。北朝鮮から拉致被害者の帰国を実現できれば、内閣支持率は単純に上昇することが予想され、その状況下で衆院を解散し、総選挙を打つとのシナリオは、否定できない。当初は11月9日の投開票日設定という憶測も存在した。11月9日の1週間後に沖縄県知事選が実施される。安倍政権が勝利すれば、その余勢を駆って沖縄知事選でも勝利を重ねられるのではないかとの期待が存在した。また、消費税再増税問題は、11月17日の7―9月期のGDP統計の発表を待って判断することとされていたため、11月9日の段階では、消費税増税について明言する必要がないということになる。

11月9日総選挙実施のシナリオは、消費税再増税問題を、総選挙争点から外す戦術としての意味も併せ持っていた。7―9月期GDP速報値は11月17日に発表される。総選挙で安倍政権は、不人気の大増税政策を争点にしたくないだろうから、この意味でも11月9日の投開票日シナリオには一定の説得力があった。

しかし、北朝鮮による拉致問題の再調査結果の発表は大幅に先送りされる見通しが強まりつつある。この結果として、11月9日投開票日シナリオの可能性はほぼ消えた。しかしながら、年内総選挙の可能性が完全に否定されたわけではない。

菅義偉官房長官は、消費税再増税の判断時期を、12月8日のGDP改定値発表後に先送りする方針を公表した。これを単なる経済政策問題と受け取れない。12月8日が月曜日であるから、

12月7日までの日程での総選挙実施の可能性を確保しておくとの狙いが感じられるのだ。年内解散・総選挙のシナリオの狙いは、既述した通り、安倍政権がこれから越えねばならない5つのハードルを、選挙後に設置する点にある。国民の反対意見が過半数を超えているような問題処理の前に選挙を済ませてしまうことを安倍政権が目論むことは、この政権の背徳性を踏まえれば、十分に想定し得る。

消費税再増税については、仮に年内選挙が実施される場合、選挙期間中は断じて明言しないだろう。経済統計を見て判断すると逃げ通すだろう。しかし、選挙後の対応は明白だ。選挙が終わってしまえば、必ず増税を決定することになるだろう。

実態の順序は実は逆で、国会における議席数を激減させることなく消費税再増税を実現するため、増税論議を明確化しないまま、先に選挙を済ませてしまおうということなのだ。

消費税再増税判断の時期が12月8日以降に先送りされることになったため、12月7日までの各日曜日は、総選挙が実施される可能性のある日付ということになる。

安倍政権が大敗しない限り、総選挙後に消費税再増税が決定されることになる。選挙に勝って、消費税再増税が先送りされる可能性は皆無に近いと思われる。そして、さらに、集団的自衛権行使容認に伴う安保法制制定、原発再稼働、TPP参加、沖縄基地建設強行などの施策が一気に実行されることになる。解散・総選挙が断行され、安倍政権与党による衆院過半数占有の状況が維持されれば、国政選挙空白期となる２０１６年夏まで、国政は安倍政権による文字通りの「やりたい放題」の2年間に移行することになる。

臨時国会が召集された9月29日の時点で、北朝鮮による拉致被害者帰国問題については、当初、安倍政権が提示していたスケジュールが完全に崩壊している。事態の進行は大幅に遅れているように見える。しかし、永田町では「一寸先は闇」というのが常識である。突然、事態が急変し、拉致被害者の帰国問題が急浮上しないとも限らない。

今後の政局展開のシナリオは文字通り不確定だが、本節で提示した3つのシナリオについての筆者の主観としては、第1のシナリオである消費税増税決定＝２０１５年央総選挙のケースが45％、第2のシナリオである消費税増税先送り＝２０１５年央総選挙のケースが同じく45％、第3のシナリオである年内解散・総選挙＝消費税増税決定のケースが10％と提示しておく。

安倍政権が希望しているのは第3のシナリオであると推察するが、このシナリオを実行するには、対ロ外交、対北朝鮮外交での事態転換が必要であり、その実現可能性が高いとは言えないため、このケースの主観的確率を10％としたのである。

今後の経済金融情勢に大きな影響を与える消費税再増税問題については、全体を１００として、増税決定の可能性が55％、増税先送りの可能性が45％となるから、メインシナリオとしては、再増税決定を前提に置く必要がある。ただし、増税先送りの可能性も45％存在すると考えるから、このシナリオが現実化する場合の市場変動も明確に想定しておく必要がある。

第3節　おとめ・うお政権の命運

安倍首相と占いの関係

政権運営と占学との間には、実は切っても切れぬ関係がある。歴代首相の多くが、それぞれ特定の占学の師を抱えていたケースがある。筆者はこの分野について30年来関心を注いできた者の一人である。そのなかから政権の命運を考察するうえで、無視し切れない2つの基準について、要点だけを紹介しておくこととする。占いについて、これを全面否定する読者も多数存在すると考えられるから、嗜好に合わない場合は、この項を読み飛ばしていただきたい。

しかしながら、多くの政治家が何らかの形で占学を参考にしてきたことは間違いない。これは太古の昔から現在に至る武将、為政者においても共通することである。2つの基準とは東西の占星学である算命学と西洋占星学である。

東洋の占星学である算命学は、故高尾義政氏により日本に持ち込まれた。道教の流れを汲む中国古来の帝王学の1つである。政権運営においては、算命学が重視する天中殺の期間中にある閣僚を多く起用すると、政権基盤が不安定化する傾向が観測されている。

各個人は生まれ年によって十二支に分類されるが、天中殺においては、この十二支のうち連続する2つの年の組み合わせによる6通りのグループに分類して考察する。子年、丑年が天中殺となる子丑天中殺。寅年、卯年が天中殺となる寅卯天中殺。辰年、巳年が天中殺となる辰巳天中殺。午年、未年が天中殺となる午未天中殺。申年、酉年が天中殺となる申酉天中殺。戌年、亥年が天中殺となる戌亥天中殺。この6つのグループに分類される。

２０１４年は午年であり、２０１５年は未年である。したがって午未天中殺にあたる人は、２０１４年と２０１５年が天中殺の時期にあたり、さまざまな障害に直面しやすいとされる。今回の内閣改造および自民党役員人事では、内閣総理大臣を含め19名の閣僚と自民党幹事長、総務会長、政調会長、選挙対策委員長の四役及び副総裁5名の合計24名の幹部が選出されている。この24名のうち午未天中殺に該当するのは甘利明氏と二階俊博氏の2名だけである。

6つのグループに分類されるから、平均すれば1つのグループに4人含まれることになるが、午未天中殺は2名である。数が多いのは申酉天中殺の7名、寅卯天中殺の6名である。安倍晋三氏も申酉天中殺に属している。詳しくは高尾義政氏が創立した算命学総本校高尾学館を継承

第2次改造安倍内閣と自民党役員

内閣	氏名	生年月日	星座	像	天中殺
内閣総理大臣	安倍晋三（あべ しんぞう）	1954/9/21	おとめ	地	申酉
財務大臣	麻生太郎（あそう たろう）	1940/9/20	おとめ	地	戌亥
総務大臣	高市早苗（たかいち さなえ）	1961/3/7	うお	水	辰巳
法務大臣	松島みどり（まつしま みどり）	1956/7/15	かに	水	申酉
外務大臣	岸田文雄（きしだ ふみお）	1957/7/29	しし	火	辰巳
文部科学大臣	下村博文（しもむら はくぶん）	1954/5/23	ふたご	風	申酉
厚生労働大臣	塩崎恭久（しおざき やすひさ）	1950/11/7	さそり	水	寅卯
農林水産大臣	西川公也（にしかわ こうや）	1942/12/26	やぎ	地	寅卯
経済産業大臣	小渕優子（おぶち ゆうこ）	1973/12/11	いて	火	申酉
国土交通大臣	太田昭宏（おおた あきひろ）	1945/10/6	てんびん	風	寅卯
環境大臣	望月義夫（もちづき よしお）	1947/5/2	おうし	地	申酉
防衛大臣	江渡聡徳（えと あきのり）	1955/10/12	てんびん	風	寅卯
内閣官房長官	菅義偉（すが よしひで）	1948/12/6	いて	火	戌亥
復興・原発事故再生	竹下亘（たけした わたる）	1946/11/3	さそり	水	申酉
国家公安・拉致・防災	山谷えり子（やまたに えりこ）	1950/9/19	おとめ	地	子丑
沖縄北方・科学技術	山口俊一（やまぐち しゅんいち）	1950/2/28	うお	水	辰巳
女性活動・行政改革・少子化	有村治子（ありむら はるこ）	1970/9/21	おとめ	地	寅卯
経済再生	甘利明（あまり あきら）	1949/8/27	おとめ	地	午未
地方創生・国家戦略特区	石破茂（いしば しげる）	1957/2/4	みずがめ	風	寅卯
自民党					
副総裁	高村正彦（こうむら まさひこ）	1942/3/15	うお	水	戌亥
幹事長	谷垣禎一（たにがき さだかず）	1945/3/7	うお	水	申酉
総務会長	二階俊博（にかい としひろ）	1939/2/17	みずがめ	風	午未
政調会長	稲田朋美（いなだ ともみ）	1959/2/20	うお	水	戌亥
選対委員長	茂木敏充（もてぎ としみつ）	1955/10/7	てんびん	風	辰巳

された中村嘉男氏による算命学関連の各文献にあたっていただきたいが、実は、安倍晋三氏もこの算命学の情報をある程度活用しているのではないかと考える。

筆者は安倍晋三氏が小泉政権の官房副長官を務めていた時代に、安倍氏を含む5名による定例懇談会に参加していた。そのうちの1名が算命学の専門家であった。安倍政権が算命学の知見をなんらかの形で活用していることが窺われる。

今後の運気の流れは？

もう1つの基準が西洋占星学である。西洋占星学では一般に12の星座による分類がよく知られている。この12の星座は「陰」と「陽」により6つずつの星座グループに分類される。さらに、その「陽」と「陰」の6つの星座は、それぞれ、3つずつの小グループに分類される。「陽」の6星座は、「火」の分類で括られるグループ、「風」の分類で括られるグループ。「陰」の6星座は、「地」のカテゴリーに分類されるグループ、「水」のカテゴリーに分類されるグループに分けられる。

今回の安倍政権の24名の閣僚および党役員の分布を見ると、水のグループが8名、地のグループが7名となっており、陰に分類されるメンバーが15人を占める。これに対し、火に分類されるメンバーが3名、風に分類されるメンバーが6名で、陽に分類されるメンバーは9名である。

陰に分類される地のグループ、および水に分類されるグループは、基本的に「情」を基軸として行動する特性を有している。「私」を軸に動くと言ってもよいかもしれない。逆に火と風に分類されるグループは、「情」に対する「理」を基軸に行動する特性を有しているとされる。「公」を軸に動くと言ってもよいかもしれない。

安倍政権新体制の24名のなかで突出しているのは、おとめ座とうお座である。安倍氏が属するおとめ座が5名、谷垣氏が属するうお座が5名という配置である。12の星座が存在するから、各星座の平均的な配分は2名ということになるが、おとめ座とうお座の配分が大きい。

各星座に属する個人の運気の流れに最も強く影響を与えるとされる巨大惑星が木星と土星である。太陽系のなかでの巨大惑星である木星と土星だが、木星は幸運を、土星は試練を支配する星とされている。この木星と土星の運行状況により、どのグループに恩恵がもたらされ、どのグループに試練が与えられるかという傾向が存在すると理解されているのである。

2014年から2015年にかけて、土星は2014年12月25日にさそり座からいて座に移動する。木星は2014年7月17日にかに座からしし座に移動した。一般化して表現すると、2014年12月以降、火のグループが強い運気の流れを得ることになる。他方、地のグループ、水のグループは不運や試練に見舞われやすくなるとの暗示が生じるのである。

占学を全否定する人が多数存在すると推察する。そのような方は、本節を無視して読み飛ばしていただいて構わない。しかし、筆者は過去30年の、いわば統計的な分析により、こうした東洋・西洋の占星学による運気の流れの分析が、事実経過としての一定の説得力を有するとの判断を有している。

世の中では科学が万能だと考える人が多いかも知れぬが、実はそうではない。世のなかの現象で、科学によっては説明できぬもの、ことがらは無数に存在する。科学だけがすべてなのではない。人間は宇宙のなかに存在し、その宇宙のなかの地球にいる私たちは、太陽や月、諸惑星の影響を少なからず受けている。こうした宇宙の力学が、何らかの影響を私たちに与えていると考えることは、完全に非合理であると断定はし切れないと筆者は考える。

とはいえ、他人に強要する話ではない。参考にする人は参考にすればよいし、参考にしたくない人は参考にしなければよいと考える。3000年、4000年の歴史を有する、一種の洞察術であるから、その力を信用するという人が存在することは、必ずしも不思議なことではないと思われる。

第4節　安倍政権に迫る5つのハードル

安倍政権が推し進める「弱肉強食」の政策

２０１４年末から２０１５年前半にかけて、日本経済は日本の命運を分かつと言って過言ではない5つの重大問題に直面することになる。原発、憲法、ＴＰＰ、消費税、そして沖縄基地問題である。この5つの問題にどう対応していくのか。そしてその対応がどのような影響をもたらすのか。これらが日本の主権者国民に大きな影響を与えることになると同時に、時の政権の命運をも分かつ重大問題になる。

この5つの問題に関する筆者の考え方を『日本の真実―安倍政権に危うさを感じる人のための十一章』(飛鳥新社)に詳述したので、ぜひご一読賜りたく思う。

日本の「国のかたち」をどう定めていくかに関わる根源的な問題である。突き詰めて考えると、日本の進むべき道を「戦争と弱肉強食」の方向に定めるのか、それとも「平和と共生」の方向に定めるのかという問題に帰着する。

安倍政権は「戦争と弱肉強食」の方向に進路を定めている。「弱肉強食」は、経済政策運営において鮮明である。強い者をより強くし、弱い者を消し去る。これが弱肉強食の理念である。その理念を象徴しているのが税制改革の方向であり、過去20年間で3分の1に減少した法人税をさらに減税する一方、過去20年間で3倍に増大した消費税の負担をさらに倍増させようとしている。

しかも日本の場合、消費税には非課税品目すら設定されていない。通常の所得税制度のもとでは、課税が免除される国民に消費金額の一定比率を強制徴収するという過酷な課税が実行されている。他方で社会保障制度の拡充ではなく、切り込みが推進されており、弱い者には消えてもらうとの理念が鮮明に浮かび上がっている。

TPP推進は、グローバルに活動する世界の巨大資本が、日本市場での収奪をさらに強めるための方策であり、このことによって日本の零細な個人はさらに困窮の度合いを深めることになる。勤労者の労働条件は劣悪化し、就業の不安定化は加速される。経済社会の疲弊が進むなかで、辛うじてすべての日本国民に一定の安心感を与えてきた公的医療保険制度が根幹から破壊されることになる。

大資本が求める解雇の自由化、最低賃金制度の撤廃、非正規化の推進が国策として進められようとしている。この政策路線は、経済活動が生み出す果実の大半を巨大資本に収奪させてしまう、すなわち社会の1％の富裕層に所得と富を集中させるものであり、多数存在してきた中間所得者層の雪崩をうつような没落が続いている。

２００８年末に発生したサブプライム危機に伴う世界不況により、日本では製造業における派遣労働者の大量雇い止めが一気に広がり、東京・日比谷公園に年越し派遣村の現実が繰り広げられた。冷酷に切り棄てられた労働者を市民がボランティアで救出する運動が広がったのである。

年越し派遣村の現実は、２００１年に発足した小泉・竹中政権が推進した、いわゆる新自由主義経済政策の当然の帰結であった。この経験から、一時的に小泉竹中経済政策の弱肉強食推進政策に対する見直しの機運が広がり、これが２００９年の鳩山由紀夫政権樹立の原動力の１つになったと考えられるが、その軌道修正自体が再破壊されてしまったのである。

２０１０年6月に民主党内クーデターが挙行されて菅政権が産み落とされた。そして、このクーデター政権は基本構造を変えずに野田佳彦政権に継承され、悪名高い「シロアリ大増税」が強行決定され、バトンが安倍晋三氏に引き渡されたのである。

安倍政権への大政奉還により、時計の針は完全に逆戻しされた。社会における、弱肉強食のグローバルな展開の究極の姿が帝国主義である。経済と軍事の2つの力によって、力の弱い国を制覇し、収奪するという帝国主義は、戦争推進の政策運動でもある。この意味で、弱肉強食推進の政策路線と戦争を推進する政策路線とは、基本的に軌を一にするものである。

弱肉強食は市場原理主義と言い換えても良いだろう。市場原理主義とは、歴史的経緯を踏まえれば、いわゆる18世紀的な価値観に立脚する立場である。レッセ・フェール＝自由放任主義が経済学の原点であり、アダム・スミスが確立した古典派経済学の基本哲学は18世紀に確立されたものである。

しかし、市場原理主義＝市場メカニズム万能主義は、経済発展の歴史のなかで試練に直面した。レッセ・フェール＝自由放任の経済政策がもたらす弊害＝市場の失敗が徐々に顕在化していったのである。

基本的人権を考察するときに、18世紀的基本権、19世紀的基本権、20世紀的基本権との表現が用いられる。自由権、参政権、生存権のことである。資本主義の発展に伴って、自由主義の経済政策がもたらす弊害、自由主義の経済政策では解決し得ない問題が浮上し、深刻化した。この現実を受けて、経済学の思想、哲学が影響を受けてきたのである。

20世紀的基本権が生存権であるが、これは、人は生まれながらにして、健康で文化的な最低限度の生活を営む権利を有しているとするものである。市場メカニズムだけに委ねれば、貧富の格差は際限なく広がり、突出した富裕層が生み出されるとともに、生存さえ脅かされる貧困層が生み出されてしまう。

経済活動の結果における格差、不平等を是正することの重要性が広く認識されるようになったのである。資本主義の問題、資本主義の構造的欠陥が意識され、このなかから、資本主義ではない別の社会体制の構築も試みられてきた。社会主義を基本に据える国家が現実に誕生したのである。

しかし、社会主義国建設の試みが成功したとは言えない。社会主義国は結果における平等を掲げながら、現実には政治的支配階級による一般民衆からの搾取・収奪という倒錯した現実を生んできた。18世紀的基本権の根幹をなす、政治的な自由さえ剝奪される現実が広がったのである。

自由主義の枠組みを維持しながら、結果における平等を追求してきた希有な実例は、欧州の一部諸国で見られる福祉国家の創設である。国民の租税および社会保険負担率は極めて高いが、すべての国民に保障される最低レベルの生活水準が極めて高く設定されている。

巨大な国民負担が強制されるが、その強制された国民負担が、すべての国民に対して保障する生活水準の下限を極めて高い水準に維持するための財政支出に、有効に用いられている。

日本の国民負担率は決して低いものではない。しかし、国民から吸い上げた巨額の税金の大半が、官僚利権や政治屋利権に注がれてしまっている。そのために、極めて国民負担率が高いのに、極めて貧困な社会保障水準しか実現していないのである。

この現実を踏まえれば、安倍政権が推進する「戦争と弱肉強食」の基本路線に対峙する政策路線、政策方針として「平和と共生」という路線が、日本で大きなブームになり、新しい政策理念として採用される土壌は、実は整えられている。

残念ながら現状では、この「平和と共生」を追求する政治勢力が多党分立状態にあるために、国会において大きな勢力を確保していない。そのために安倍首相が提示する「戦争と弱肉強食」の政策が優位を得てしまっているのである。

亡国の政治運営

この問題の考察は、前掲書『日本の真実』に譲るとして、2014年末から2015年前半にかけて安倍政権が直面する5つの重大問題について、改めて簡単に整理をしておきたい。

第1の問題は憲法である。日本国憲法は第9条において、「国権の発動たる戦争と、武力による威嚇又は武力の行使は、国際紛争を解決する手段としては、永久にこれを放棄する」ことを定めている。集団的自衛権行使は、日本が攻撃を受けていないのに、日本と密接な関係にある国が他国から攻撃を受けた際に、日本が武力行使等に踏み切ることを指す。この内容は日本国憲法第9条が規定する「国際紛争を解決する手段として」、「国権の発動たる戦争と、武力による威嚇又は武力の行使」を実行するものであり、憲法違反の行為になる。このために、歴代政権は集団的自衛権行使は「憲法上許されない」（1972年10月政府見解）としてきたのである。

安倍政権は、この憲法の規定を変えることなく、集団的自衛権の行使を閣議決定で容認することとしたが、これは憲法を否定する行為、憲法を破壊する行為である。

２０１４年7月1日に、安倍内閣がこの閣議決定を行った際、日本の大半の新聞がこの決定を糾弾する社説を掲載した。全国紙5紙、そして47都道府県に存在する地方紙のうち、安倍政権の集団的自衛権行使容認の閣議決定に賛同の意を示したのは、読売、産経、日経、富山新聞、北國新聞（石川）、福島民報の6紙だけであった。これ以外のすべての新聞が、安倍政権の閣議決定を糾弾ないし批判する意見を表示した。２０１５年の通常国会では、この閣議決定を具体的な法律で裏付ける関連法の制定が予定されている。大きな政策論議になることが予想される。

第2が原発の問題である。２０１１年3月11日、東京電力福島第一原子力発電所が人類史上最悪レベルの放射能事故を引き起こした。事故に伴う被害は、いまなお深刻に広がっている。原発は設備が既に存在している時点では、投入する燃料と算出される電力量との関係において他の発電方式より有利な発電とされているのだが、設備費用および使用済み燃料の処理費用、さらに事故発生時のコストを踏まえれば、明白に圧倒的高コストの発電方式である。

福島で過酷事故を発生させてしまった以上、経済合理性の視点からも原発の稼働再開という選択は本来はありえない。また福島の事故は地震と津波によって発生したと見られるが、日本全国の原発は、今後日本で発生し得る地震と津波に耐える構造設計を確保していない。このことを明白に示したのが２０１４年5月21日の福井地方裁判所判決である。

福井地方裁判所は、関西電力大飯原発について運転停止の命令を示した。最大のポイントは、２００８年に発生した宮城岩手内陸地震で４０００ガルを越える地震動が観測されているが、大飯原発の地震の揺れに対する耐性が１２６０ガルまでしか確保されていないことである。

判決は、４０００ガルの地震動はいつでも発生し得るものであり、この地震動にさえ耐え得る設備設計が確保されていない以上、原発の再稼働は許されないとした。このことは、大飯原発以外のすべての日本の原発に当てはまる。

安倍政権は原子力規制委員会の基準に適合し、原発の立地自治体が容認すれば、原発を再稼働させる方針を示している。しかし、その原子力規制委員会の田中俊一委員長が、基準をクリアした場合でも「原発が安全だとは言わない」と明言している。

どういうことか。原子力規制委員会は規制基準を設置し、各原発が、その規制基準をクリアしているかを審査する機能しか持たない。そして、規制基準をクリアするということは、原発の安全を保証するものではないのである。原子力規制委員会は規制基準を定め、原発がその基準をクリアするかどうかを審査するだけで、その機能は、それ以上でもそれ以下でもない。つまり、原子力規制委員会は原発の安全性にお墨付き、保証を与えるものではないのである。

なによりも重大なことは、その規制基準が、いつでも発生し得る地震にさえ、耐える基準になっていないことである。各種世論調査は、日本の主権者の過半数が原発の再稼働に反対していることを示している。この状況下で原発の再稼働を強行していくのかどうか。極めて重大な国民的問題になる。

ＴＰＰは、米国が中間選挙を控えて決着を先送りしたために、２０１４年11月の中間選挙後に決着が持ち越しとなっている。すべては米国次第であるが、中間選挙が終了すれば、オバマ政権はＴＰＰ決着に舵を切るのではないかと見られている。

ＴＰＰはグローバルに活動する資本が、日本市場での収奪を強めるための枠組みであり、日本国民にとっては、基本的に百害あって一利なしのものである。とりわけ重大であるのがＩＳＤ条項で、ＩＳＤ条項が組み込まれたＴＰＰに日本が参加すると、日本は国家として日本の諸制度に関する決定権を喪失することになる。国家主権を喪失するのである。

このため自民党は２０１２年12月の総選挙で、「国の主権を損なうようなＩＳＤ条項は合意しない」ことを公約として提示した。現在、協議が進められているＴＰＰでは、ＩＳＤ条項が組み込まれることとされているため、自民党が総選挙の際の公約を守る限り、日本のＴＰＰ参加はあり得ない。

ところが、安倍政権は、この公約さえ無視して、TPP参加に向けて舵を切ろうとしている。まさに、亡国の政治運営である。

日本経済再崩落のリスク

2015年10月に消費税再増税を実施する場合、日本経済の墜落はさらに深刻なものになる。株式市場の動向は定まらないが、9月3日の内閣改造・自民党役員人事の内容を金融市場は注視した。既述したように、消費税増税を先送りする可能性は排除されていない。

日経平均株価が9月3日以降も上昇し、9月25日に1万6374円の高値を記録したのは、安倍首相が最終的に消費税再増税を先送りする可能性を踏まえたものであると推察される。

ところが、9月29日に麻生太郎財務相が消費税再増税問題について、テレビ番組で「(予定通り)しないと、話が違うと国際社会から言われかねない」、「国際社会から話が違うと言われた時、日本国債が売り浴びせられると、その対応は難しい。黒田日銀総裁も言っていたが、私たちが最も恐れるところだ」と発言し、消費税再増税を決定する方針を示唆した。

翌日の東京株式市場では日経平均株価が前日比137円の下落を示したが、麻生発言を受けたものであると考えられる。消費税追加増税実施の決定が行われれば、日本経済の先行き見通しに対する大幅下方修正が発生するだろう。

この場合には、理論株価が大幅に下方修正されることになり、株価が急落するリスクが浮上するとともに、日本経済の再崩落のリスクも高まる。日本経済を回復軌道に誘導し、日本財政を健全化するために、どうしても必要な条件は、消費税増税の凍結ないし先送りである。

沖縄で11月16日に沖縄県知事選が実施される。知事選では辺野古米軍基地建設の是非が最大の争点になる。もちろん、沖縄の景気、雇用、社会保障、子育て支援などに対する県民の関心は強いが、２００９年以来の経緯があり、最終的には辺野古米軍基地建設問題が最重要の争点になる見通しである。

沖縄県知事選においては、基地問題が争点になる場合には革新系候補が勝利し、経済問題が焦点となる場合には保守系候補が勝利をおさめる傾向が示されてきた。安倍晋三政権は、菅義偉氏を軸に金の力で票を買い取る方策を活発化させている。この金の力で沖縄県民の投票が買収されてしまうのかどうかが焦点になる。

辺野古米軍基地建設阻止を求める県民と政治勢力は、統一候補として、翁《お》長《なが》雄《たけ》志《し》那覇市長を擁立した。他方、安倍政権の菅義偉官房長官は、９月10日の記者会見で、「最大の関心は沖縄県が（辺野古沿岸部の）埋め立てを承認するかどうかだった。知事が承認し粛々と工事しており、もう過去の問題だ。争点にはならない」と述べた。

つまり、県知事による辺野古海岸の埋立申請承認が辺野古基地建設問題の核心であることを明示したのである。この結果、11月16日の沖縄県知事選では、新知事が埋立申請承認を撤回または取り消すのかどうかが最大の焦点になる。9月13日に出馬表明会見を行った翁長雄志氏は、埋立申請承認撤回を確約しなかった。この点を元参議院議員の喜納昌吉氏が厳しく衝いており、翁長氏が知事選前に埋立申請承認の撤回または取り消しの方針を確約するのかどうかが最重要の注目点になっている。

菅官房長官発言は、新知事が埋立申請承認を撤回または取り消ししない限り、辺野古米軍基地建設が止まらないことを明示しており、この点が明らかにされた以上、辺野古米軍基地建設阻止を公約に掲げる候補者は、埋立申請承認の撤回または取り消しを選挙前に確約することが求められることになる。

この5つの問題が、2014年から2015年にかけて安倍政権に差し迫ることになり、問題の取扱いによっては安倍政権の支持率が急変し、政局の大転換も発生しかねない。この意味で、5つの問題のすべてに十分な目配りが必要になるが、経済・金融市場への直接的な影響としては、何と言っても消費税再増税問題の決着が重要性を持つことになる。

第3章

2014年の総括

第1節　逃げ水の米国金融引き締め

FRB議長に求められる3つの資質

ここで2014年の経済・金融を振り返ってみよう。金融市場全体の特徴としては、比較的平穏な年であったと言える。とりわけ為替市場では年を通じて、いわゆるべた凪状態が続いた。株式市場でも日経平均株価は年初から4月にかけて下落。5月以降、反転上昇に転じたが、基本は1万3900円から1万6400円という極めて狭いレンジで終始した。中国の上海総合株価指数は2000ポイントを岩盤と表現できるが、この水準に張りつき、年後半に入り、この水準から底離れする気配を示している程度である。

米ドルは、対日本円で2014年8月後半以降にドル上昇の勢いを強めたが、レート変動のレンジとしては、年初来1ドル＝100円から110円のレンジ内で推移した（P93）。

ユーロは対円レートで2014年に入って、弱含みの推移を示したが、とは言え1ユーロ＝135円から145円という狭いレンジでの推移に終始した（P93）。

ドル円相場の推移（直近3年間）

ユーロ円相場の推移（直近3年間）

米国長期金利の推移（直近3年間）

米国10年国債利回り
2011/10/24
2.420
2012/3/19
2.399
1.792
2012/1/30
1.381
2012/7/23
2013/3/4
2.087
1.614
2013/4/29
2013/9/2
3.007
2013/12/30
3.041
2.471
2013/10/21
2.303
2014/8/11
3.0
2.5
2.0
1.5
2012/1
2012/7
2013/1
2013/7
2014/1
2014/7

日本長期金利の推移（直近3年間）

日本10年国債利回り
2012/3/12
1.066
0.939
2012/1/16
2013/1/7
0.848
0.690
2012/12/3
2013/5/20
1.002
2013/12/30
0.750
0.586
2013/11/4
0.490
2014/8/25
アベノミクス
期待
アベノミクス
副作用
0.320
2013/4/1
1.0
0.8
0.6
0.4
2012/1
2012/7
2013/1
2013/7
2014/1
2014/7

日米の長期金利は年を通じて緩やかな低下傾向を示したが、変動のレンジは米国10年国債が2・3%から3・0%、日本10年国債が0・4%から0・8%の狭い範囲にとどまった（P94）。米国株価は2014年に入っても堅調な地合いを維持したが、ニューヨークダウの水準で言えば1万5340ドルから1万7350ドルという水準のなかでの推移であり、世界の金融市場全体が極めて動きの乏しい推移になったのが2014年の特徴である（P94）。

この2014年の金融市場の変動について、筆者はキーワードとしてSFCという表現を用いた。Sはセールスタックスの頭文字であり、日本の消費税増税問題である。Fは米国FRBを指す。米国の金融政策動向が金融市場の最重要のカギを握ると見立てたのである。Cはチャイナ、中国の動向である。現実には、中国の変化だけでなく、ウクライナ、シリア、イラク、パレスチナなどの変動が一定の影響を与えることになったが、世界の地政学リスクを代表する意味も兼ねて、チャイナのCを取り上げたのである。

全体として経済の変動は限定的であり、金融市場の変動も小幅なものにとどまったが、資金運用戦略構築の巧拙は、「凪の相場」の局面においてこそ、その真価が問われる。

資金運用戦略においても「有事」対応と「平時」対応との峻別が必要である。基本観を持つこと。状況を「有事」と判断して市場大変動に備えるのか、それとも「平時」と見なして、市場の小刻みな変化をきめ細かくとらえるのか。基本判断の的確さとその判断の下での具体的な戦略構築のきめ細かさが運用パフォーマンスに大きな影響を与えることになる。「凪の相場」においても、基準値＝ベンチマークを上回る運用パフォーマンスを獲得することが重要である。

２０１４年の内外金融市場変動の核心をなしたのは、やはり米国の金融政策変動であった。２０１４年２月にジャネット・イエレン女史がＦＲＢ新議長に就任した。ＦＲＢ新議長人事については、２０１３年半ば過ぎまで着地が見えなかった。クリントン政権で財務長官を務めたローレンス・サマーズ氏とＦＲＢの副議長を務めてきたジャネット・イエレン氏の２名が有力な候補者として浮上した。

金融市場の多数派の見解はサマーズ議長の誕生であったが、筆者はこの両名のうち、ＦＲＢ議長にふさわしいのはイエレン氏であること、そして市場の多数派の見解とは裏腹に、最終的にイエレン氏がＦＲＢ議長に就任する可能性が高いとの見通しを提示してきた。

筆者はこの両名と面識があるが、ＦＲＢ議長に求められる資質という視点に照らして、サマーズ氏よりもイエレン氏が適任であると判断したのである。ＦＲＢ議長に求められる３つの資質がある。

第１は、金融政策に関する理論に精通していること。日本では金融理論、金融政策論に精通していない人物が日銀総裁に起用されることがあるが、これは中央銀行トップ人事のあり方として適正でない。中央銀行トップに求められる必要な資質の第１は、基礎理論に精通していることである。

第2の資質は、現実の経済金融変動の本質を捉えることのできる洞察能力である。机上の経済理論にだけ精通し、現実の経済や金融変動を、きめ細かく正確にとらえる能力を有していなければ、中央銀行トップの重要な職責を担えない。単なる理論家では、中央銀行トップの職責は務まらないのである。現実の経済金融市場の変動を正確に見抜く洞察力が求められる。

第3はＦＲＢ内部をとりまとめる説得力と説明能力、そして政治権力と対峙して、中央銀行の職責を貫くための説得力と説明能力である。また、現実の金融政策運営においては、望ましい経済政策を「円滑に」運営していくことが求められる。

斬新な政策を、市場にショックを与えるような手法で遂行することは、一般的には好ましくない。市場との対話をきめ細かくこなし、中央銀行の政策が円滑に市場に浸透するように、きめ細かく対応することが求められるのである。ＦＲＢ内部や議会に対する説明能力、説得力、そしてきめ細かな政策運営という点において、筆者はサマーズ氏よりもイエレン氏が適任であると考えたのである。また、現実経済の動向を正確に読み取る点においても、イエレン氏の能力は卓越していると評価できる。労働市場の構造的な「緩み」の指摘は、イエレン氏でなければなし得られなかったことであるとも考えられる。

現実にＦＲＢ議長に就任したのはイエレン氏だった。少し前のことになるが、筆者はＦＲＢ

元副議長アラン・ブラインダー＝プリンストン大教授の研究室を定期的に訪問していた。このブラインダー氏も、イエレン氏のＦＲＢ議長就任を強く支持する論陣を張った。この良識ある金融市場専門家の後押しにより、イエレン氏がＦＲＢ新議長に就任したのであるが、イエレン氏は就任以降、十分にその能力を発揮していると評価できる。

ドル上昇と日本株上昇のシナリオが崩れた

２０１３年5月、前任のバーナンキ議長が量的金融緩和政策を縮小することを示唆した。いわゆる「バーナンキ・ショック」が市場を揺り動かした。米国金利は上昇に転じ、為替市場にも激震が走った。内外の株式市場は大きく揺れ動いた。

そして実際に、２０１３年秋からＦＲＢによる量的金融緩和縮小が始動した。この流れの延長上で将来を展望すると、イエレン氏がＦＲＢ議長に就任する２０１４年2月前後には、いよいよ米国の政策金利引き上げという金融引き締め政策が始動するのではないかとの憶測が広がったのである。米国の10年物国債利回りは２０１２年7月に１・38％の最低値を記録した。米国長期金利はこれを境界に上昇に転じ、２０１３年9月、そして２０１３年末には３％の水準にまで上昇した。ＦＲＢが２０１４年に入り、金利引き上げ措置に踏み出していたなら、米国長期金利の上昇はさらに加速した可能性が高い。

仮にこのような金融引き締め措置に伴う金利上昇が発生したのであるなら、２０１４年の米国経済金融情勢はまったく異なる展開をたどったと思われる。短期的には金利上昇、ドル上昇が生じるが、その変化が経済活動に圧迫を与え、先行き経済の悪化予想から株価が急反落する。連動して金利や米ドルが急反落するといった、いわゆる金融波乱が再燃した可能性があると考えられる。後述するように、米国経済は長期金利急騰に極めて脆弱な側面を内包していると考えられる。イエレンＦＲＢ議長は、きめ細かな政策判断の情報発信により、米国長期金利急騰を慎重に回避しようとしているように見えるのである。

２０１４年の現実として生じたことは、市場の早期利上げ実施憶測とは逆のものになった。イエレン議長が率いるＦＲＢは金融引き締め措置に対する慎重姿勢を堅持し、その結果として、3％にまで上昇した米国長期金利が8月には2・3％水準にまで、緩やかな低下を続けたのである。

これに連動して、円ドルレートはドル高ではなく、ドル弱含みの推移を示し、これに連動して日本株価も下落波動をたどった。この米国金融市場の変動が、２０１４年の金融市場変動を規定した第一の要因である。金融引き締めへの移行、金利の上昇、そして連動するドル上昇と日本株価上昇のシナリオが崩れ、米国金利低下、ドル弱含み、日本株価弱含みの市場変動が生じた重要な要因は、イエレンＦＲＢ議長の政策誘導にあった。

フォワードガイダンスという言葉がある。ＦＲＢの政策運営に対する市場の予想をならし、先行きの正確な予想形成を容易にするため、あらかじめ金融政策運営の変化についての情報を市場に提供するというものである。金融政策は経済活動の需給状況の変動に連動して変化する。経済活動の需給が逼迫し、インフレ圧力が強まる局面では、金融引き締め措置が取られ、逆に経済の需給がゆるみ、経済活動が停滞し、インフレ圧力が後退する局面では、金融緩和政策が取られる。

米国経済においては、失業率という基準において、６・５％という水準が１つの重要な節目とされてきた。リーマンショックに代表されるサブプライム金融危機に伴う大不況において、米国の失業率は10％水準にまで上昇した。この失業率が景気回復に伴い、緩やかに低下を示してきた。失業率が６・５％を下回ってくれば、労働市場の需給はタイトな状況に移行したと解釈され、賃金上昇圧力の強まりを通じてインフレを昂進させてしまうことが警戒されることになる。

そこで、失業率が６・５％を下回ってくることを、金融引き締めへの着手の１つの目安とするとの方針が示されてきた。その米国失業率が２０１４年前半に、この水準を下回った。年初には６・６～６・７％の水準であった失業率が、４月には６・３％、６月には６・１％、９月

米国長期金利の推移（直近10年間）

ドル円相場の推移（直近10年間）

には５・９％にまで低下した。フォワードガイダンスで示された従来の理解では、この水準まで失業率の低下が進めば、金融引き締め対応が取られるとの予想が発生する。金融政策が緩和から引き締めに転換するとの予想が広がれば、長期金利が上昇しやすくなる。

ところが、現実には米国10年国債利回りは３％の水準から２・３％の水準へと緩やかな低下を示した。この市場変動を誘導したのがイエレン議長であったと言える。イエレン議長は２つのことがらを強調し続けた。１つは労働市場の実態が失業率の数値に示されるほど強くはないこと。もう１つは米国の不動産市場及び住宅市場に脆弱性が見られることである。

また、米国のインフレ率については、ＦＲＢが目標とする２％よりも低い水準で推移することが見込まれることを強調した。イエレン氏は失業率の見かけは低いが、雇用の増加の多くがパートタイムの仕事で占められていること。長期間にわたり失業状態に置かれたままの状態でいる人の比率が高いこと。また、失業率が低下しているが、人々が労働市場に参加する労働参加率が低下していることが失業率低下の要因になっていることなどを、きめ細かく指摘し続けてきた。

そのうえで、失業率は低下しているけれども、賃金上昇圧力が強まっていないことを指摘してきたのである。つまり、見かけ上の失業率は大幅に低下したが、経済や労働市場の需給が逼迫している状況ではないことを強調し、したがって性急な金融引き締めへの移行が望ましくな

S&Pケースシラー住宅価格指数の推移（全米10大都市）

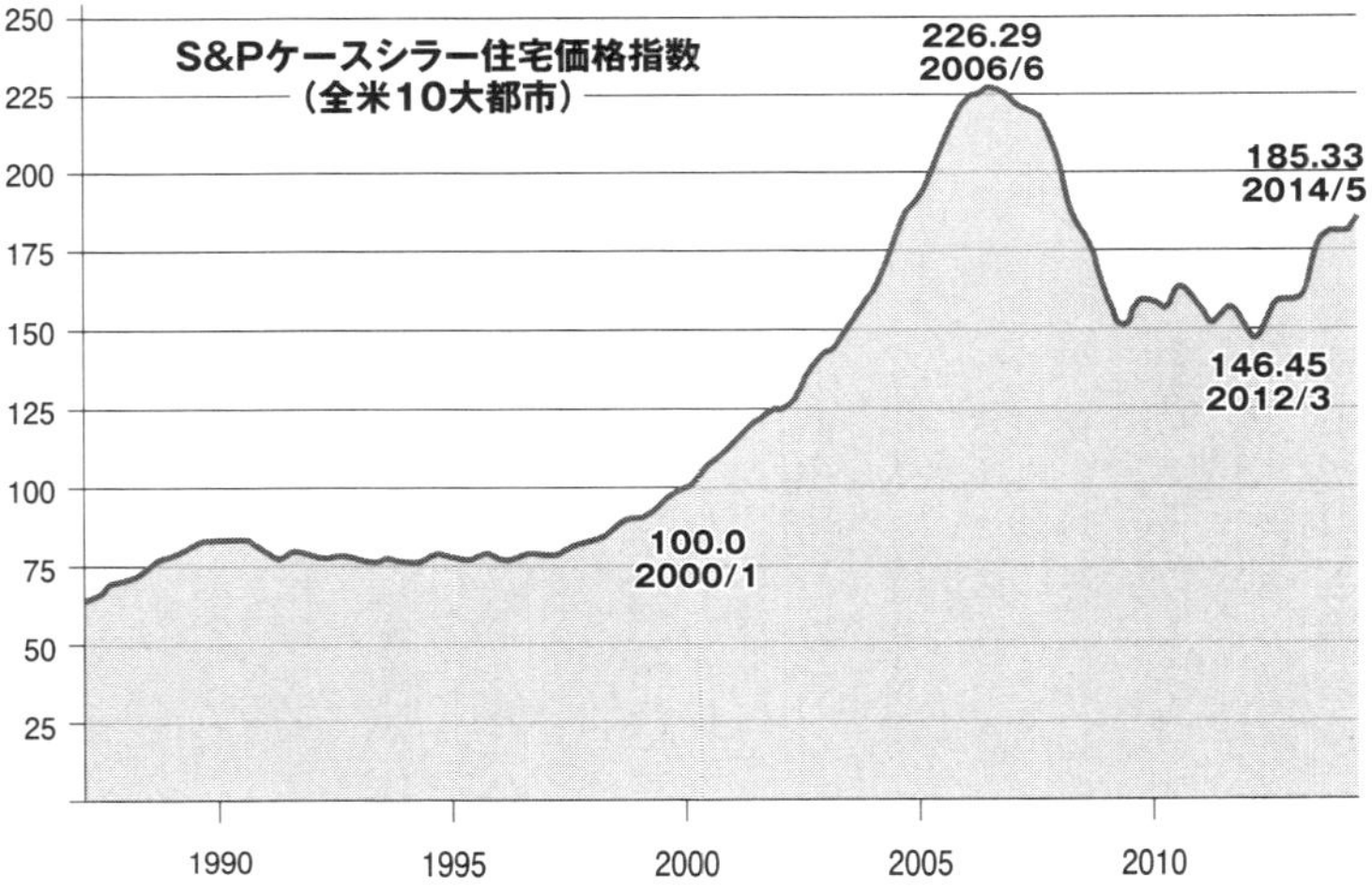

い、あるいは必要のないものであるとの考えを示してきた。

合わせてイエレン氏が強調したのが、米国の不動産市況の脆弱性である。

米国の住宅価格の変化を、S&Pケース・シラー住宅価格指数で見ると、米国不動産バブルが崩壊に転じて2006年6月にピークアウトしたのち、2012年3月に底を打ち、その後は上昇に転じている（P103）。ところが、2013年に米国の量的金融緩和政策縮小が始動したことを背景に、米国長期金利が2013年9月には3％水準にまで上昇した。

この長期金利上昇を受けて、2013年末頃から2014年前半にかけて、米国住宅価格指数が頭打ちから小反落する傾向を強めた。これに連動して、米国の住宅投資が2014年前半に再減速したのである。イエレンＦＲＢ議長は、この変化を重視して、金利上昇圧力の強まりを牽制したのである。

第４章で考察するように、米国金融市場の水面下には依然として大きなマグマがうごめいていると考えられる。イエレンＦＲＢ議長は、この問題を念頭に置いているのだと思われる。第４章で考察するが、米国不動産市況の脆弱さも、イエレン議長が金融引き締め政策への移行に極めて慎重な姿勢を維持し続けている重要な理由の１つであると思われる。

ＦＲＢの金融政策に市場は神経質に反応

２０１４年の金融市場変動として、多数のエコノミストが米国金利上昇、ドル高持続、そしてこれに連動する日本株高持続を予測した。しかし、現実には２０１４年前半、その真逆の変化が生じた。既述した通りである。インターネットで経済金融情報を配信するロイター社は、２０１４年7月10日、多くのエコノミストが見通しを誤ったことについて特集記事を掲載した。タイトルは「狂った株高／円安シナリオ」というものだった。

金融市場の大多数の専門家が、２０１４年の市場変動を読み誤った。そのカギを握ったのが、イエレンＦＲＢ議長の金融引き締め政策に対する極めて慎重な政策対応であったのだ。

8月22日、米国ワイオミング州にあるジャクソンホールで、カンザスシティ連銀主催のシンポジウムが開催された。ジャクソンホールは、風光明媚な有名な避暑・観光地であり、毎年夏にFRBがこの地でシンポジウムを開く。FRB関係者が避暑と休暇を兼ねて、この地を訪問し、経済論議に花を咲かせるのである。

FRBの政策対応に強い注目が寄せられるなか、毎年恒例のジャクソンホールでのシンポジウムにおいて、FRB議長がいかなる発言を示すかが注目されるようになった。2013年のシンポジウムではバーナンキ議長が欠席したが、2014年はイエレン議長が出席し、労働市場の問題を中心に講演を行うことになった。

イエレン議長は、この講演でも従来からの持論を展開した。

「名目および実質賃金の動向は、労働情勢が失業率によって示唆されているよりも軟調な状況にあることを示している」

「現在の失業率水準は労働市場におけるゆるみの度合いを過小評価している」

こうした発言が繰り返されたのである。

失業率は6・1%まで低下していたが、労働市場の逼迫感はない。したがって性急な金融引き締め政策への移行は、時期尚早であるとの考えが示された。

しかしながら、シンポジウムの直前にあたる7月30日のFOMC後の声明では、声明文章に微妙な変化が観察された。新たに「物価上昇率が2%を恒常的に下回り続ける蓋然性はやや減った」との表現が盛り込まれたのである。つまり、インフレについて超楽観のスタンスが修正されて、方向としてはインフレに対する警戒を一段強化する変化が示された。

このFOMC声明が発表されたのが7月30日。7月31日には4―6月の米国雇用コスト指数の上昇率が前期比0・8%上昇と発表され、金融市場に金融引き締め政策前倒しの警戒感が広がり株価急落が広がった。さらに、日本時間の8月8日の日中には、米国がイラク北部においてイスラム国に対峙するために空爆を開始するとの決定が報じられ、日本の株価が急落する場面が生じた。

実際、7月16日からから8月7日にかけて、ニューヨークダウは818ドルの急落を示したのである。米国金融市場がFRBの金融引き締め政策への移行に対して、極めて神経質になっていることがうかがわれる展開であった。

しかし、8月1日発表の米国雇用統計においては、雇用者増加数が21・2万人と、6月の26・7万人から急減した。市場予想を大幅に下回ったのである。このために金融引き締め前倒し観測が後退し、金融市場は早期に平穏状況を取り戻した。

しかし、たまたま8月1日発表の雇用統計が、雇用者数の大幅増加を示していたら、金融市場の反応はどのようなものになっただろうか。歴史事実の「たら」、「れば」はあまり意味のあ

米国雇用統計の推移（2012年1月～2014年8月）

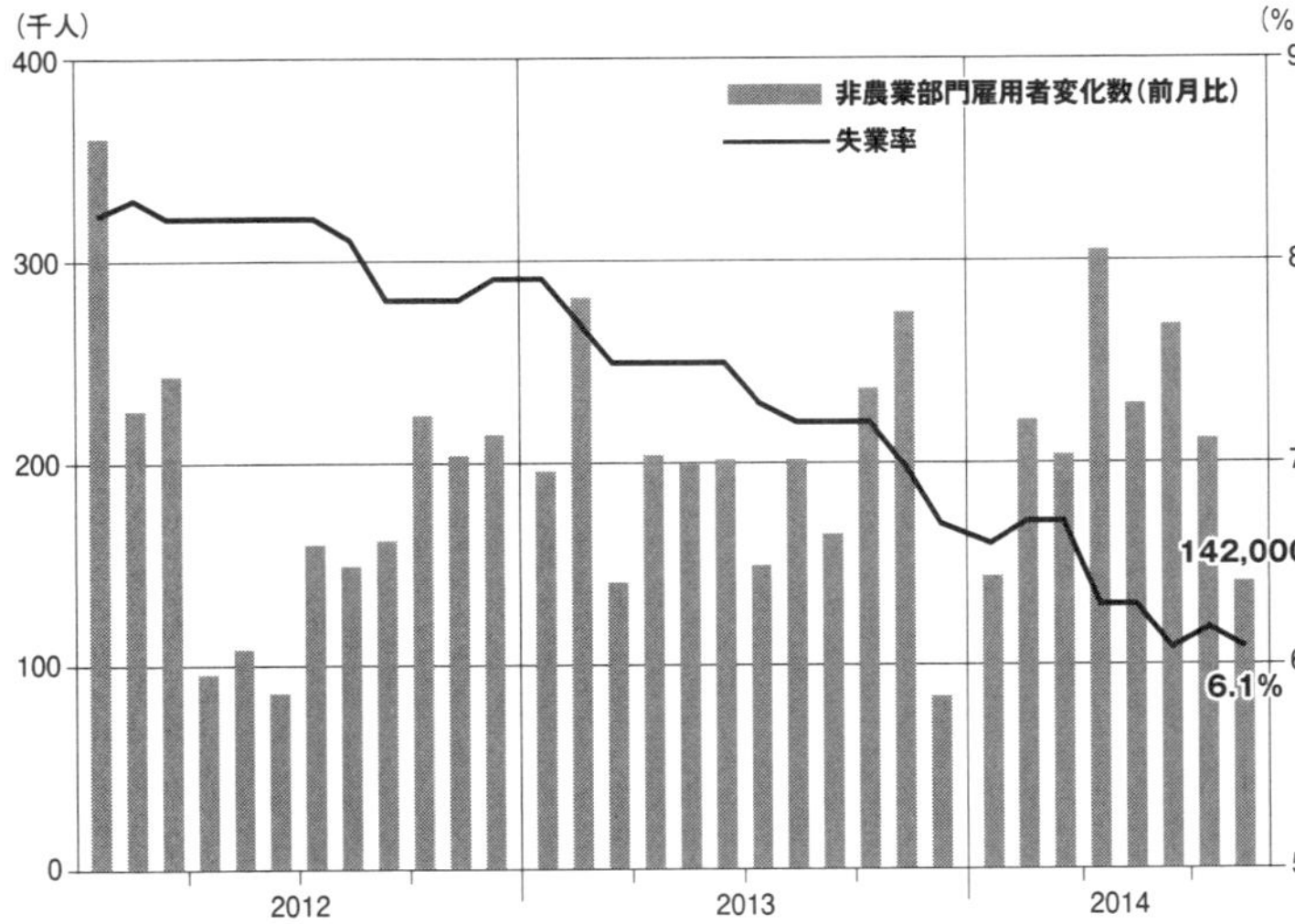

出典：米国労働省

ることではないのだが、偶然の産物と言える月次統計の振れ方によって、現実の金融市場変動が大きく左右され得るという点には、十分な留意が必要である。

事後的には結果は1つだが、事前の段階では、現実が推移する道筋は、実は何通りも存在する。事前の対応としては、どの道筋に道が進んでゆく場合でも対応しなければならないのであり、ヤマを張って、当たったから良かった、あるいは外れて運が悪かったとの感想は、市場変動への対応不足を示すものである。

第2節　日本経済の撃墜

日本の財政が破綻しているというペテン

２０１４年の内外金融市場変動第2のハイライトは、日本の消費税増税実施であった。多くの人は、次のような理解が正しいと錯覚している。日本政府の債務残高は１０００兆円に達しておりＧＤＰの2倍を越えている。この水準はギリシャよりも悪い財政状況を示しており、財政健全化は喫緊の課題である。日本は急速な高齢社会への移行局面にあり、今後さらに年金、医療、介護といった社会保障支出の激増が予想され、社会保障制度を維持するためには、国民の負担増加を避けられない。財政支出の無駄排除や景気回復による税収確保も大切ではあるが、もはや限界で、増税実行について猶予の許される段階ではない。

歳出削減については、２００９年に発足した鳩山由紀夫政権の下で、事業仕分けなどの作業を通じて財政支出の無駄を切り込む作業が実行された。しかしながら、こうした無駄の削減措置で排除できる支出は限定的であり、財政事情の深刻な現状を踏まえれば、国民負担の増加は避けられない。

所得税や法人税の増税は、勤労意欲や事業者の事業意欲を削いでしまい、日本経済全体にマイナスの影響を与えるため、国民に広く負担を求める消費税増税が好ましい。

多くの国民の脳に、こうした見解が刷り込まれている。その結果として、知らぬ間に消費税増税容認論が頭のなかで膨らんでしまう。消費税増税容認論は、一見するともっともらしい話であるが、この話のなかにいくつかの重大な虚偽、ウソ、ペテンが隠されている。

本書はこの問題を詳述するためのものではないので、詳しくは拙著『日本の真実』（飛鳥新社）、『消費増税亡国論』（飛鳥新社）などを参照いただきたいと思うが、要点だけを記す。

第1のペテンは、日本財政がギリシャよりも悪化しているという虚偽情報である。たしかに日本政府は1000兆円の債務を抱えている。しかし財務省が絶対に公言しないもう1つの重要情報がある。それは日本政府が資産も1000兆円以上保持していることである。財務の健全性を判定する際に、債務の規模だけしか見ないというのは、初歩の初歩の誤りである。借金10億円で大変だという企業があったとしよう。しかし、この企業には資産も10億円あるということになれば、状況はまったく違うものになる。

企業の場合には、負債規模と同額の資産規模では心もとないが、政府の場合は違う。政府は国民から税を強制的に徴収できる権力を有している。この政府の資産と負債の規模が、ほぼ同水準であるのなら、危機的な状況であるとはまったく言えない。

統計作成の基準が異なるが、米国財務省が公表している米国連邦政府のバランスシートを見ると、２０１２年９月末時点で１６００兆円の債務超過である。他方、日本の一般政府の２０１２年末のバランスシートを見ると、資産が１０９２兆円であるのに対して、負債が１１３１兆円。わずかに39兆円の債務超過にとどまっている（Ｐ１１１）。

米国政府が破綻の危機に瀕していると騒がれず、資産と負債がバランスしている日本が破綻だと騒がれるのは、明らかにおかしいのである。

第２に問題になるのは、財政の無駄が切られているのかどうかという点である。日本財政の最大の問題がこの点にある。麻生政権や安倍政権は、買い物のついでに豆腐を買うかのように10兆円や13兆円の補正予算などを編成する。本当に財政危機であれば、このような大盤振る舞いをできるわけがない。しかもその支出先は、ほぼ１００％が官僚利権と政治屋利権の公共事業ばかりである。

日本財政最大の問題は、財政支出の大半が絶対必要とは言えない対象に注ぎ込まれていることだ。この巨大な政府支出のすべてが官僚の天下り機関が関与する形で流れる資金である。数十兆円の規模で、こうした、どうしても必要とは言えない対象に注がれる財政支出が計上され

日本の一般政府バランスシート（2012年末）

非金融資産	574.6	兆円
固定資産	452.9	
土地	**119.3**	
金融資産	518.0	
現金・預金	76.9	
株式・出資金	119.8	
その他	321.3	
期末資産	**1092.6**	
負債	**1131.4**	
借入金	163.4	
株式以外の証券	**915.4**	
その他	52.6	
正味資産	**-38.8**	

出典：国民経済計算統計

米国連邦政府バランスシート

United States Government Balance Sheets

as of September 30(In billions of dollars)	2011	2012
Assets:		
Cash and other monetary assets	177.1	206.2
Loans receivable and mortgage-backed securities,net	772.1	859.6
Property,plant,and equipment, net	852.8	855.0
Total assets(A)	**2,707.3**	**2,748.3**
Liabilities:		
Federal debt securities held by the public	10,174.1	11,332.3
Federal employee and veteran benefits payable	5,792.2	6,274.0
Environmental and disposal liabilites	324.1	339.0
Liabilites to Goverment-Sponsored Enterprises	316.2	9.0
Total liabilities(B)	**17,492.7**	**18,849.3**
(A)-(B)	**-14,785.4**	**-16,101.0**

出典：米国財務省

ている。理由は、この財政資金に群がる利権事業者と利権追求の官僚機構が存在するからである。いわゆるシロアリ官僚が日本財政を食い荒らしているのである。

この財政の無駄を排除すれば、増税をせずに財政は十分やりくりできる。また、日本の社会保障水準を北欧とまでは言わずとも、世界の上位水準に引き上げることが可能になる。財政の無駄を省くことこそが財政構造改革の最重要課題であるが、この対応がまったく実行されていない。

第3の誤りは負担の求め方である。所得税と法人税を減税し、消費税を増税する方策が、いかに日本社会を荒廃させているかを考える必要がある。2009年9月の鳩山由紀夫政権発足に際し、民主党は「シロアリ退治なき消費税増税はおかしい」ことを強く主張した。このことを最も強く訴えていた人物が野田佳彦氏である。

「鳩山さんが4年間消費税を上げないと言ったのは、そこなんです。天下りをなくし、天下り機関をなくし、シロアリを退治する。そこから始めなければ消費税を上げるのはおかしい」

野田佳彦氏は声高く訴えた。インターネット上には、「野田佳彦のシロアリ演説」と題する、2009年8月15日の大阪における野田佳彦氏街頭演説の動画映像がアップされているから、一度自分の目で確かめていただきたい。

その野田佳彦氏が首相の椅子を手に入れるために、財務省に魂を売った。その結果として、

２０１２年８月に消費税増税の法律が野田佳彦政権の下で制定されたのである。ただし法律には、弾力条項が付されていた。経済情勢によっては消費税増税を実施しないことも可能性として明記されたのである。

２０１３年末に、安倍晋三氏は消費税増税を実施することを決定した。そして２０１４年４月、消費税率が８％に引き上げられた。日本経済新聞は、１面トップで繰り返し「消費税増税の影響軽微」と報道し続けたが、「消費税増税の影響甚大」という現実がはっきりと姿を現した。詳しくはすでに第１章で記述したが、２０１４年４―６月期のＧＤＰは年率で実質７・１％減少を記録した。しかしこの数値は、売れ残りの大量発生と外需によってかさ上げされており、これらの影響を除去した内需の落ち込みによる経済成長率は、なんと年率マイナス17％に達したのである。市場空前の経済崩落が発生した。日本経済は撃墜されてしまったのである。

２０１４年に入って日本の株価が下落傾向をたどった主因がこの問題である。消費税増税により経済が落ち込む。日本経済新聞がウソの情報を流布しても、金融市場は独特の嗅覚を働かせて、真実に肉薄する。消費税増税に伴う経済悪化を読み込み、株価は緩やかな下落をたどったのである。日経平均株価は４月11日に１万４０００円の大台を割り込んだ。

日本株価は米国株価の影響を強く受ける

既述の通り、筆者は5月12日号のレポートで、株価のトレンドが下落から上昇に転じる見通しを提示した。消費税増税の影響が日本経済を撃墜するほどに深刻であるにもかかわらず、株価見通しを下落から上昇に転換した理由は、株価が消費税増税の影響を織り込んだと判断できたこと、そして、日本の株価水準が理論的妥当値と考えられる水準より、遥かに下方にまで暴落していると判断したからである。

２０１４年３月期の企業利益、２０１５年３月期に予想される企業利益を基準とすれば、日経平均株価の適正値は２万４０００円から２５０００円である。これに対して、日経平均株価は２０１４年４月から５月にかけて１万４０００円割れの水準にまで下落した。適正水準を基準として表現するなら、まさに暴落株価の水準であった。この判断の下に、株価見通しを下落から上昇に転換した。

第1章に記述したように、筆者が株価評価の基準に置いている尺度は次のものである。株式の適正益利回りを債券利回りよりも３％高い水準と仮定する。この較差《かくさ》を利回り格差＝イールドスプレッドと呼ぶ。債券利回りが１％であれば、株式の適正益利回りは４％。債券利回りが

3％であれば、株式の適正益利回りは6％ということになる。株式の適正益利回りの逆数がPERになる。この仮定計算に従えば、長期金利水準が3％の国では、適正PERが16・7倍。長期金利水準が1％の国では適正PERは25倍ということになる。

日経平均株価のPER15倍は、この基準に照らして考えると、著しく割安な水準にまで下落しているということになる。消費税増税に伴う経済への圧迫がすでに株価に折り込まれてしまったのであれば、新たに経済を悪化させる要因が浮上しなければ、株価がこれ以上下落する必要がなくなる。

問題は2015年以降の日本経済の方向ということになる。日本経済の活動は、2014年4―6月期から7―9月にかけて大幅に落ち込むが、この落ち込みは消費税増税に伴うものであり、その下落がさらに続いていくとは言い切れない。経済が最悪の状況にまで落ち込んでしまうと、需給が緩み、価格機能が働き、雇用状況が改善し始めるなど、緩やかながらも経済の改善が生じてくるものなのである。

この点を踏まえると、2014年末にかけて2015年消費税再増税問題について、どのような決着をつけるのかが最大の焦点になる。その方針をどのように定めるのかによって、日本株式市場の変動が異なるものになる。

この問題に決着がつけられるまでの期間、金融市場は期待と警戒が入り混じる展開を示すことになるだろう。財務省関係者は、折に触れて消費税再増税実施を示唆する発言を示すことになるだろう。そのたびに、株式市場は株価下落の対応を示すだろうが、株価の絶対水準がすでに極めて低いため、この発言が後退する局面、すなわち、消費税増税先送り期待が姿を垣間見せるたびに、株価には緩やかな上昇圧力が与えられることになると思われる。

日本の消費税再増税問題以外の株価変動要因は、第1に為替レート変動であり、第2に米国株価の推移である。日本の株価変動は、2011年以来、円ドルレート連動の関係を維持している。なんらかの要因で円ドルレートが円高方向に回帰すれば、株価上昇の条件は崩れる。また日本株価は米国株価の影響を強く受けるため、ニューヨーク株価が本格調整に移行すれば、日本株価が独歩高を演じることが難しくなるであろう。

第3節　通貨切り下げ競争

欧州の金融緩和とユーロ下落

２０１４年の３つ目の特徴として挙げられるのは、ＥＣＢ＝欧州中央銀行による金融緩和政策の推進と、これに連動するユーロ下落であった（Ｐ１１８）。筆者は２０１４年に入り、欧州の金融緩和とユーロ下落の見通しを示した。しかしその前に執筆した拙著『日本経済撃墜』においては欧州経済の堅調とユーロ堅調の見通しを示したので、この点については見通しを誤った。２０１４年年初には見通しを修正したが、２０１４年版のＴＲＩレポートでのユーロ見通し記述は現実と異なるものになった点を謙虚に反省したい。

２０１４年初以降、ＥＣＢによる金融緩和強化とユーロ相場の下落予測の論拠として、以下に示す、為替―物価―金融政策―為替の循環変動関係を提示したので、改めて要約しておきたい。

為替レート変動は、インフレ率の変化、それに連動する金融政策の変化を通じて、循環変動

ECB政策金利の推移（直近10年間）

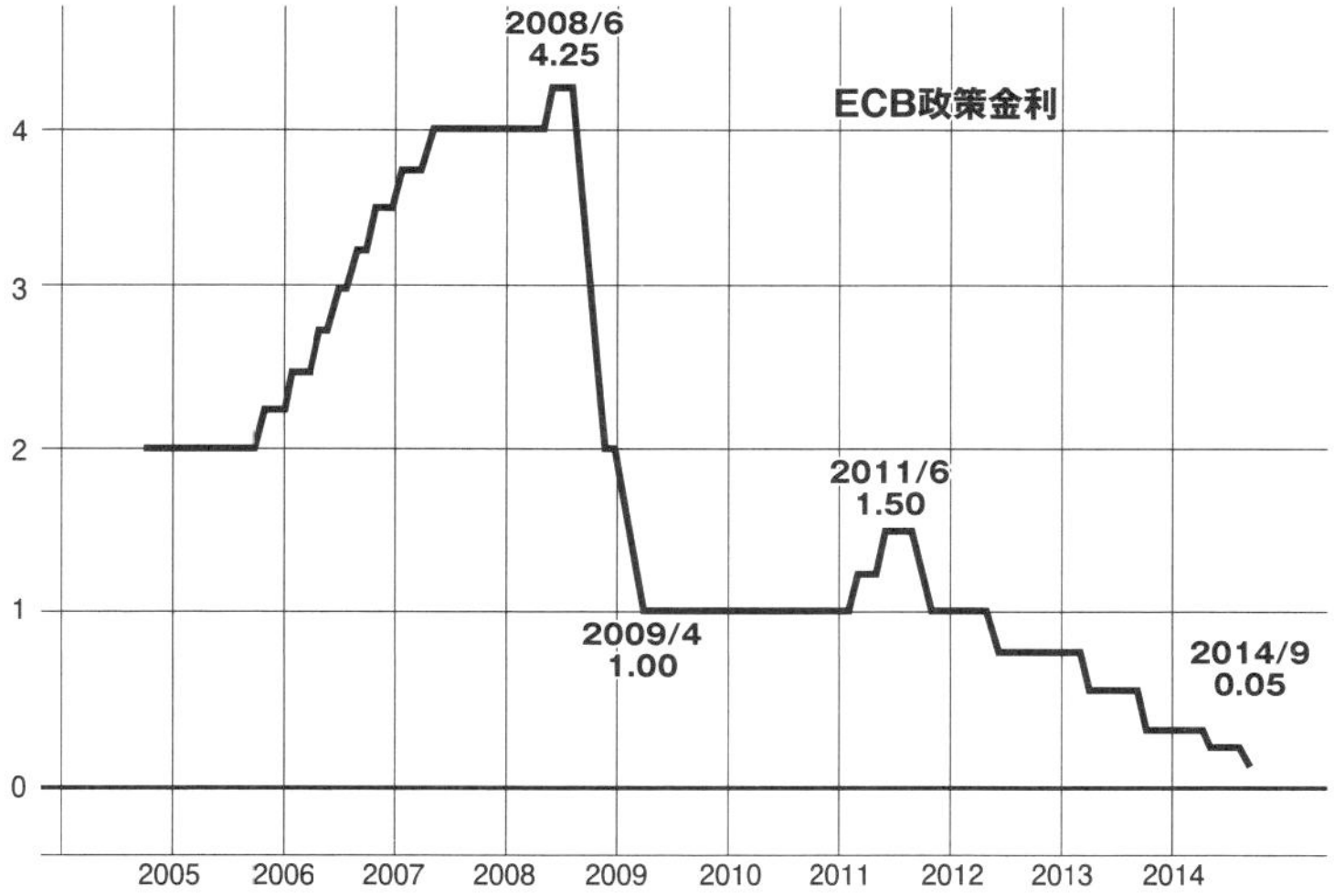

ユーロドル相場の推移（直近3年間）

を形成するのである。2012年から2014年にかけての日本の事例を考察すると、そもそもの円高によって物価下落が進行し、いわゆる「デフレ」の進行が問題視された。このデフレを背景に、中央銀行が金融緩和政策強化の対応を取った。

金融政策が効果を発揮したのかどうかについては議論が分かれる面があるが、日本円は下落し、タイムラグを伴い、日本のインフレ率が上昇した。インフレ率上昇が持続すれば、やがては金融政策が、緩和から緩和縮小の方向に変化する。その変化は、時間差を伴うかたちで為替市場における円安進行を円高に回帰させる原動力となる。

このように、為替レート変動、インフレ率、金融政策は、その連動関係を通じて循環変動を形成するのである。

ヨーロッパでは2012年から2014年にかけて、日本が経験した経路を後追いして演じる変化を示したのである。円を巡る変動の裏側で示されたのがユーロを巡る変動であった。

円の下落の裏側で生じたのがユーロの上昇である。ユーロの上昇はユーロ圏のインフレ率を低下させる。2012年の時点では世界一のデフレ国は日本であった。ところが2014年に至り、形勢は逆転した。日本のインフレ率が上昇する一方で、ユーロ圏のインフレ率が日米欧の最低水準に低下したのである（P120）。通貨が上昇し、インフレ率が大幅に低下すれば、金融政策当局は金融緩和政策強化に進むことになる。

日米欧CPI上昇率の推移

この金融緩和強化が、為替市場の流れを転換させる一因になる。ユーロが上昇し、ユーロ圏のインフレ率が低下して、金融緩和政策が強化されて生じることは、ユーロの下落であり、その延長上に、インフレ率の上昇が発生することになる。

2014年9月の段階では、まだインフレ率上昇というところまでの変化が生じていないが、こうした変化が時間の経過とともに生じてくることになる。

世界の金融緩和が進むと金価格は下落に転じる

米国が金融緩和を行い、米ドルが大幅に下落した。このとき、日本ではデフレが進行して問題になった。米国ではすでに2012年7月に長期金利が最低値を記録した。金融緩和強化の予想が後退し、逆に、金融緩和政策の縮小が予想されるようになったのである。これに連動して米国長期金利が上昇し、米ドルが反転上昇していった。

日本がデフレに直面して、金融緩和政策を強化するタイミングで米国の変化が生じ、円は上昇から下落に転じた。その結果として、日本のインフレ率が上昇に転じてきたのである。この延長上で、やがては、日本の金融緩和政策が縮小される局面が到来することになる。

ユーロ圏ではユーロ高がユーロ圏諸国のデフレ化を進行させており、そのデフレ懸念に対応して、いま、金融緩和政策が強化されている局面に遭遇している。

金融緩和政策を強化すれば、金融緩和政策を強化した国の通貨が下落する。金融緩和を行わない国の通貨は上昇し、インフレ率が低下すると共に、経済に下方圧力がかかる。これらの国もこうした経済状況の変化を踏まえて、金融緩和政策を強化する必要性を感じるようになる。

どこの国でも、結局、金融緩和政策が強化され、為替レートが反転下落することになる。為替レート下落が続く過程で、やがてはインフレ率が上昇に転じ、金融緩和政策の強化が中止されることになる。グローバルな為替・物価・金融政策の連動関係は、各国による、一種の通貨切下げ競争であると表現することもできる。

金融緩和政策の強化が競われているのであり、各国政策当局が、自国通貨の切り下げを目指して競争を演じていると捉えることができる。

１９２９年のニューヨーク株価暴落に端を発する世界大恐慌の過程では、世界経済が段階的に縮小し、経済悪化に対応する各国政策当局は保護主義を強めて経済のブロック化が進行するとともに、為替市場における通貨切り下げ競争が展開されて、世界経済が一段と縮小した歴史がある。

現在の変化はそこまで深刻なものではないが、各国中央銀行による金融緩和が一種の競争状態を示すなかで、それぞれの国が自国通貨の切り下げを指向するという特殊な状況が観察されている。

こうした政策運営は、管理通貨制度の下においてのみ実行し得る。量的な金融緩和政策は、通貨と金との交換を義務づけられていないからこそ可能になる。言い換えれば、金との交換を義務づけれらていない通貨供給の増大は、当然のことながら、通貨の過剰供給をもたらし、通貨の相対的価値を低下させる効果を発揮することが予想されるのである。

つまり、世界全体に過剰流動性が供給される事態が生じるわけで、潜在的には中長期のインフレ圧力を高める政策が展開されていることが意味されるのである。世界の金融緩和の程度を測る尺度として想起されるのは金価格である。過剰流動性は金の価格を上昇させる。過剰流動性の縮小は金価格を下落させることを念頭に入れておく必要がある。

2013年にドル表示の金価格が急落したのは、過剰流動性供給の先頭を切って走っていた米国が、その過剰流動性供給にブレーキをかける方針を示唆したからである。この重大変化を映して金価格が急落したのである。

逆に言えば、それ以前に、米国の過去に類例を見ない規模での過剰流動性供給がもたらす変化の先を金市場が最大限に織り込み、そこに大量の投機資金が流入することによって、金価格相場に一種のバブル価格が形成されていた反動が広がったと表現することもできるだろう。

現在の金市場では、この反動の余韻が続いており、米国の金融政策が量的緩和縮小からさらに一歩進んで、金融引き締めに移行するということになれば、金価格に対する下方圧力はもう一段強まることが想定される。

しかしながら、さらにその先を視界に入れて考察すると、世界経済全体の流れを俯瞰した場合、全体としての金融緩和基調、流動性積極供給の金融政策の基本姿勢は残存することが予想される。この意味では、金価格については、今後の米国金融引き締め政策実行の延長上の状況を想定しての、底値模索の状況に、徐々に移行してゆくことが想定されるのである。

第4節 膠着状態が持続した中国経済金融情勢

中国の人民元上昇リスク

中国経済がなかなか低迷から脱しきれない。中国経済の動向を見る上で注視すべき指標が2つある。上海総合株価指数とHSBC製造業PMIである（P125）。

上海総合指数は2007年10月に6124ポイントをつけた。2005年6月の998ポイントから、わずか2年で6倍の株価上昇が発生したのである。中国版株価バブルの発生と表現して間違いない。この2007年10月から2009年3月にかけて、世界の株式市場で株価大暴落が発生した。リーマン・ショックに象徴されるサブプライム金融危機の発生である。

中国株価は世界の株価に先駆けて、2008年10月に底値をつけた。1660ポイントである。2009年8月には3478ポイントにまで反発したが、それ以来、丸5年の長期にわた

HSBC中国製造業PMIの推移（直近5年間）

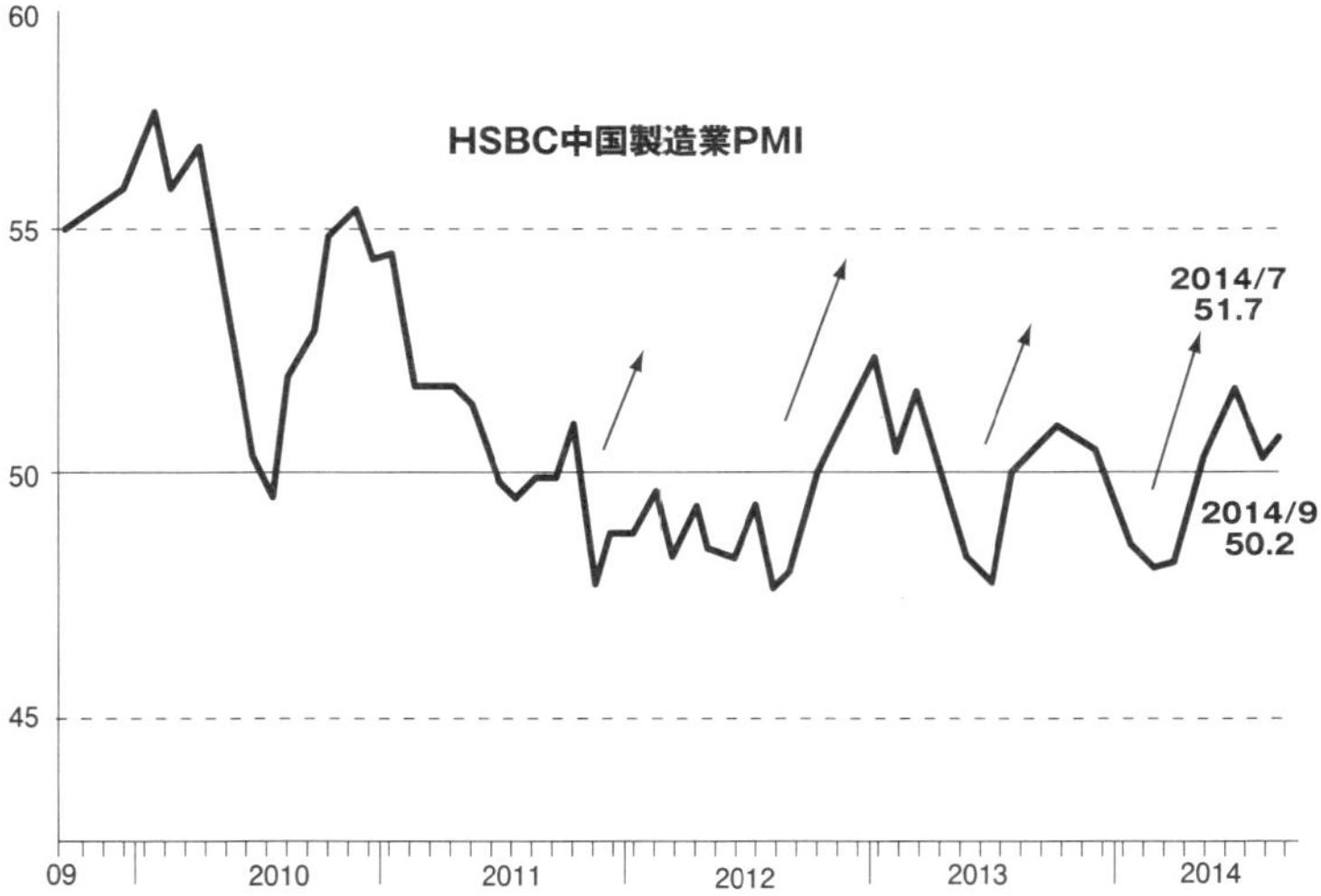

出典：HSBC

上海総合指数の推移（直近5年間）

出典：ロイター・トムソン

って低迷局面を持続している。直近3年間は、上海総合指数が2000ポイント近辺で膠着状態を続けてきた。

上海総合株価指数とHSBC製造業PMIを比較すると、両者が驚くべき連動関係を示していることがわかる。中国株価は中国製造業の業況変化を忠実に反映して変動していることがわかる。

2012年の経済浮上のチャンスに中国経済に深刻な打撃を与えたのは日中関係の急激な悪化だった。野田佳彦政権が尖閣諸島の国有化に踏み切ったことを契機に、中国全土で反日デモが広がった。この影響で中国経済が強い下方圧力を受けたのである。

2012年末から2013年にかけても中国経済は明確な浮上の兆候を示した。上海総合指数も2444ポイントまでの上昇を示したのである。ところが、この上昇チャンスも生かすことができなかった。2013年春以降、中国経済は再び低迷に逆戻りした。

中国経済と中国株価は2013年後半にも明確な浮上の気配を示したのだが、このチャンスも生かすことができなかった。景気指数と株価はまたしても反落してしまった。

その背後に人民元の上昇という現象が存在する。人民元／円相場の推移を見ると、2012年秋から2013年5月にかけて人民元が急騰していることがわかる（P127）。人民元／円相場のチャートは、実はドル／円相場のチャートと瓜二つである。人民元は米ドルとリンクし

人民元円相場の推移（直近3年間）

ており、米ドルが対円で上昇する局面で、人民元が対日本円で上昇するのだ。

２０１３年の中国経済にとって、人民元の対日本円での急上昇が極めて強い景気下方圧力になったと推察される。２０１３年後半の中国経済浮上、株価上昇のチャンスが潰えてしまった背後にも、実は人民元の上昇が存在したのである。２０１３年後半から２０１４年にかけて中国経済は再び立ち直りの気配を示したが、この局面で再び人民元が上昇した。これが中国経済の底離れを再び抑止してしまったのだ。

同じ変化が２０１４年８月以降に再び生じている。長く膠着状態を続けたドル／円相場が１ドル１０２円水準から１ドル１１０円台へと上昇し、これに連動して、人民元が対日本円での上昇を示している。

中国経済を揺るがしかねない権力闘争

第7章で考察するように、中国経済には3つの重大経済問題が存在する。シャドーバンキング問題、不動産バブル崩壊問題、そして人民元上昇リスクである。

さらに中国政治状況の不安定さからも目を離せない。習近平体制が発足し、丸2年の時間が経過する。この2年間に習近平氏が政治基盤を段階的に強化してきたことが窺われるが、中国政治権力中枢部に、極めて大きな権力闘争の渦が潜んでいることが分かる。習近平氏は薄熙来氏を政治汚職で摘発し、さらに共産党政治局常務委員を務めた周永康氏とその関係者を追放する動きに出た。政権基盤を脅かす人物を排除し、政権基盤を強固にする激しい変動が示されている。

中国政治権力中枢部の人脈の系譜として、高級幹部の子弟である太子党と呼ばれる系譜と、中国の若手エリート層を形成している共産主義青年団出身者による系譜が存在することはよく知られている。習近平氏自身は太子党の人脈系譜に属する存在であるが、この習近平氏が太子党系列に属する重要人物と共青団系列に属する重要人物の双方に対して、汚職・不正の責任を追及することで権力基盤を強化する動きを強めていると見られている。

共青団系列に属する人脈の頂点には胡錦濤前国家主席が位置し、この系列に属するのが現首相の李克強氏である。胡錦濤氏は習近平氏の次の中国トップに、共青団系列に属する胡春華氏の登用を狙っていると見られているが、習近平氏は共青団人脈に対しても汚職摘発の網の目を張り巡らせ、全権を掌握し、今後の人事政策においても主導権を確保しようとしているように思われる。

これまでの薄熙来氏追放、周永康氏追放の動きを見ると、習近平氏が胡錦濤氏を軸とする共青団系列の人脈に対して睨みを利かせつつ、権力基盤を固めつつある状況が透けて見えてくる。

習近平体制は現在のシャドーバンキング、不動産バブル崩壊、そして人民元上昇という三つの経済リスクに直面しながら、しかも経済成長率の趨勢的な減速を前に、難しい政権運営を迫られている。また、香港での民主化を求める声も拡大しており、困難な政局運営に直面していると言えるが、これまでのところは、ギリギリのところでリスクに対処しつつ、権力基盤の強化を進展させているように見える。

第5節　高まる地政学リスク

ウクライナ問題と日ロ関係

世界の各地域における紛争リスクが噴出している。それぞれの地域の歴史的事情、そして現時点における権力対立、さらに米国を中心とする産軍複合体の意思が絡まり合って問題が噴出している。2014年の地政学リスク最大の焦点はウクライナとイラク・シリアであった。これ以外にパレスチナとイスラエルの紛争などが大きな問題として浮上した。

安倍首相は、尖閣諸島をめぐる中国の脅威を主張するが、米国が警戒するのは、むしろ日中間の関係悪化が、尖閣問題を拡大させる方向に進展することであり、米国としては、日本に対してむしろ自制を求めているというのが実態であると思われる。

米国はこれまで北朝鮮の軍事的脅威を強調していたが、そのトーンが大幅に後退している。北朝鮮では金正恩体制のナンバー2であった張成沢氏が処刑されたが、張成沢氏が北朝鮮と中国の橋渡しの役割を務めていたと見られるため、張成沢氏の処刑後に、北朝鮮と中国との関係が弱まったとの観測が生じている。このことが北朝鮮の金正恩体制が日本政府に接近している背景であると見られている。

ウクライナは旧ソ連邦を構成する共和国の1つであったが、ソ連邦崩壊と共に独立し、米英とユーロ圏諸国が西欧陣営に取り込もうと画策してきた国家である。2004年には「オレンジ革命」と呼ばれる政変が発生した。親ロシア派のヤヌコビッチ氏が大統領選でいったんは当選を果たすが、選挙に不正があったとの疑惑が強まり、最終的に親欧米派のユシチェンコ氏が大統領に当選した。

しかし、この親欧米政権は長期安定化しなかった。2010年、ウクライナ財政の悪化を背景に、ヤヌコビッチ氏が大統領に選出され、ウクライナの主導権が親欧米勢力から親ロシア勢力に移行した。この状況変化の下でウクライナのNATO（北大西洋条約機構）への加盟を放棄する宣言が出された。

ウクライナでは、ユーロ圏諸国と英米とを背後に持つ親欧米勢力と、親ロシア勢力との間での綱引き、激闘が演じられ続けてきたのである。

2013年秋、ウクライナの首都キエフで親欧米勢力によるデモが拡大し、このデモが暴力化して反政府勢力が政府機関を占拠した。この衝突の中で、死者が発生したことにより、騒動が拡大。2014年に入り、ヤヌコビッチ大統領が国外逃亡する事態が生じ、反政府勢力が暫定政権を樹立した。デモ隊に対する発砲と死者の発生について、親欧米勢力はヤヌコビッチ政権による攻撃だとしているが、反政府勢力による自作自演であったとの見方も存在する。情報の出所によって事実の捉え方が真逆になっている。

米国が背後で暗躍する欧米陣営が、安全保障戦略上の視点もあって、ウクライナを西側陣営に取り込むための工作を展開し続けてきたのは事実である。したがって、親欧米勢力が善、親ロシア勢力が悪、という欧米陣営のメディアが伝える見立ては、あまりにも表層的なものであって意味がない。

ウクライナ全体が、ロシアと米国、あるいはロシア陣営と欧米陣営の権力闘争の焦点となっているという見方が現実に近く、この意味では、ウクライナに樹立された親欧米新政権の正統性についても、欧米諸国がこの正統性を承認する一方で、ロシアがその正統性を否定するのは、理の当然と言える。

ロシアにとっては、ウクライナの広大な国土の中で、黒海に面するクリミアの軍事上の意味が極めて重大であった。ロシアはクリミア支配の実権が奪われることを警戒し、クリミア住民による住民投票を通じて、クリミアをウクライナから独立させ、ロシア陣営に編入することを実現させた。この手法がナチスドイツのヒトラーの手法と共通することが喧伝されているが、その主張は、あくまでも西側陣営に軸足を置く側から生じる評価であって、軸足をロシア側に置くならば、まったく逆の評価が表出することになる。

クリミアがウクライナから分離独立し、ロシア圏に編入され、ウクライナ紛争の中心はウクライナ東部地域に移行した。ウクライナ東部に位置するドネツク、ルガンスク両州においてはロシア系住民の比率が高く、両州はウクライナ政府の支配下に置かれることに強い反対の意思を表明している。

ロシアはドネツク、ルガンスク両州をウクライナから分離して、親ロシア圏共和国として独立させることを目論んでいるが、欧米陣営を背後に持つウクライナ政府が、これに対抗している。東部2州とウクライナ政府は、停戦合意を成立させ、ウクライナはドネツク、ルガンスク2州に、3年間の効力を有する特別地位を付与する提案を示しているが、最終的な着地点はまだ見えていない。

東部2州の背後に控えるロシアに対して、米国と英国は全面的な敵対姿勢をとっているが、ドイツの姿勢はかなり異なっている。

ユーロ圏諸国はロシアからの天然ガス供給にエネルギー源を大きく依存している。ロシアが西欧諸国に対する天然ガス供給をストップすれば、ユーロ圏諸国は甚大な影響を被る。

他方、ロシアにおいても重要な外貨獲得の手段が消滅するわけで、経済的に大きな打撃となる。ロシアにおいては、この影響を緩和するため、ロシアの天然ガスを日本及び中国に供給する構想が浮上しており、中ロの間では基本合意が成立した。

この問題は安倍政権にとっても極めて重要な案件であり、北方領土問題解決との絡みでも対応の誤りは許されないのだが、米国を軸とするG7諸国が対ロ経済政策を強化するなかで、この枠組みから外れる対応を安倍政権が示すことは不可能に近い。

安倍晋三氏は、2014年秋にプーチン大統領訪日を実現させ、北方領土問題の解決ないし進展と、日ロ経済協力関係の強化を図る構想を描いていた。

しかしながら、ウクライナ問題の発生を契機に、英米が主導してG7による対ロシア経済制裁を決定する流れのなかで、安倍首相は独自外交を展開できず、米国の意向に隷従する姿勢を示している。

ロシアは日本に対して、日本の独自外交を求めるスタンスを表示しているが、安倍政権の対応は独自外交展開とはほど遠く、日ロ問題解決、日ロ経済協力関係強化の大きなチャンスは潰えようとしている。

日本は米国と一定の距離を保ち、独自外交を展開する大きなチャンスを得ているが、このチャンスを生かせない可能性が徐々に強まりつつある。

中東紛争が拡大、長期化する可能性

イラク北部およびシリアにおける紛争拡大は、より重大な問題をはらんでいる。イラク北部に展開するＩＳＩＳ＝イスラム国は、イスラム教スンニ派を基軸とする勢力で、欧米が中東のエネルギー資源を支配するために人為的に構築してきた中東の現行秩序を、根底から再構築することを目標に掲げている。

イスラム国は第一次世界大戦後に列強が中東における勢力秩序を定めた「サイクス・ピコ協定」を打破し、現在の国境線に囚われずにイスラム国家を樹立することを目指していると見られている。

イスラム教・スンニ派が主導権を持つサウジアラビアが資金提供源になっているとの見方もあり、米国の軍事介入で簡単に制圧されてしまう存在ではないと考えられる。ＩＳＩＳはサイクス・ピコ協定の打破を目標に掲げるとともに、イスラム原理主義の厳格な適用を主張している点にも特徴がある。米国のオバマ政権はイラクにおいてスンニ派勢力を排除してシーア派主導の政権を構築した。この動きが背後にあり、ＩＳＩＳをサウジアラビアの巨大な資金が支える構図が発生しているとの見方も存在する。

ＩＳＩＳは世界から義勇軍への参加を募り、潤沢な資金により勢力拡大を画策しており、米国によるイラク北部の爆撃は、内政干渉、侵略戦争のそしりを受けかねない面がある。グローバルな巨大資本による中東支配に対する、イスラム原理主義・イスラム民族主義に基くアラブの主権確立への運動という側面も存在しており、この問題が長期化、拡大化する可能性が存在する。

パレスチナをめぐっては、イスラエルがパレスチナ攻撃を展開し続けているが、米国はイスラエルの横暴を許容している。米国の軍産複合体は年間20兆円を超す巨大産業であり、世界各地で紛争が継続して発生しなければ産業を維持することが困難である。このことから、米国の産軍複合体が、あらゆる口実、大義名分を作って地政学リスクを人為的に高めているという側面も無視し得ない。

また、日本で反原発の市民運動が拡大しているが、原子力産業がこの動きを抑圧するために原油価格引き上げを人為的に誘導する可能性がある。原油価格急騰は原子力発電の必要性を強調するうえで好都合な環境を生み出すからだ。

東アジア地域において、突発事態が発生する恐れは高くないが、安倍政権が尖閣諸島の問題をめぐり、人為的に対中国関係を悪化させるリスク、北朝鮮が経済的困窮の度合いを強めて暴走するリスクへの警戒は怠れない。

第4章

イエレン議長の憂鬱

第1節　米国金利の低下

FRBは金融危機の抑止に成功した

２０１４年の金融市場の基調を決定した最大の要因は、米国長期金利の低下であったと言ってよい。２０１３年5月にバーナンキFRB議長が、量的金融緩和縮小の方針を示した。サブプライム金融危機に対処し、FRBはいわゆる有事対応を続けてきた。金利を極限まで引き下げるとともに、量的金融緩和を3次にわたって強化した。FRBは金融市場から巨額の国債を購入して、流動性を市場に供給しただけではなく、サブプライム危機の損失発生の根源であった資産担保証券そのものをも大規模に購入してきた。

この「有事対応」により、FRBは金融危機の広がりを抑止することに成功した。バーナンキ議長は１９２９年の株価暴落に端を発する世界恐慌、金融恐慌の研究者であった。１９２９年恐慌に際し、FRBが流動性の供給を十分に行わなかったことが、危機を深刻化させたとの判断を有していた。この判断に従い、バーナンキ議長はまさに無制限・無尽蔵の流動性供給という「有事対応」を実行したのである。

結果として見れば、この対応によって危機が遮断されたと評価することができる。とは言え、この政策対応が「公正」という視点から判断して適正であったのかどうかについては、議論の余地がある。

リーマンブラザーズは破綻に追い込まれたが、ベアスターンズ、メリルリンチ、ゴールドマンサックス、シティバンク、モルガンスタンレー、そして米国最大の保険会社であるAIGなどは、破綻には追い込まれずに吸収合併される、あるいは政府資金の注入を受けるなどして延命された。住宅投資資金の政府支援機関であるファニーメイとフレディマックは政府の管理下に移行された。

金融危機が過ぎ去り、金融機関の経営危機が鎮静化すれば、政府およびFRBが投下した資金は返済される。公的資金によって救済された金融機関は、公的資金を返済することによって、その存立の正当性を主張する。しかし問題は、危機に直面した際に生命維持装置を外されるか否かという点にある。この部分において生殺与奪の権を持つのは政策当局である。

日本でも2003年5月に、りそな銀行が自己資本不足の認定を受けた。「大銀行といえども破綻させないわけではない」と竹中平蔵氏が明言したために、日本の金融危機は引き起こされた。小泉・竹中政権は、「退出すべき企業を市場から退出させる」方針を明示し、実際に青木建設が破綻したときには、「構造改革が順調に進展している表れだ」とコメントしたほどだった。

したがって、りそな銀行を自己資本不足に追い込んだ以上、りそな銀行を破綻処理することが当然の流れであったが、竹中金融行政はりそな危機に際して、りそな銀行を破綻処理せずに公的資金で救済した。

まさに、背徳、悪徳の銀行救済を実行したのである。そもそも、りそな銀行は自己資本不足には陥っていなかった。ところが、竹中金融行政は監査法人の側から手を回して、りそな銀行を人為的に自己資本不足に陥れたのである。その裏側には、巨大な金融犯罪と呼ばざるを得ない大きな闇が存在している。

詳細は拙著『日本の独立』（飛鳥新社）に記述したので、ぜひご一読賜りたい。りそな銀行は、頭取が小泉・竹中経済政策を正面から批判したために、不当な自己資本不足の罠に嵌められたのだと筆者は理解している。そして、この銀行の救済によって、竹中金融行政と連携するハゲタカ外国資本が法外な不正利得を獲得したのだと推察する。巨大な経済犯罪が実行された疑いが濃厚に存在するのである。

竹中金融行政は、りそな銀行を自己資本不足に追い込んでおきながら、最後の局面で、公的資金による救済を実行した。「退出すべき企業を市場から退出させる」との方針は、最後の局面で腰砕けになった。

しかし、りそな銀行の経営陣だけは総入れ替えとなり、小泉・竹中政権の近親者が新経営陣に送り込まれたのである。結局のところ、りそな銀行は小泉・竹中一派に、不正に乗っ取られたと表現するのが、現実に即した事実経過であると言える。

金融危機に際しての政策当局の行為は、この意味で、極めて恣意的であり、その生殺与奪の権を一手に握るという意味で、巨大利権の温床になる。破綻処理するのか、それとも、公的資金による救済を実行するのかは、とりわけ、当該金融機関の株主に与える影響において天国と地獄の相違をもたらすことになる。

自己責任の原則に従い、金融危機の破綻を容認することは、ときに、金融恐慌の引き金を引く意味を持つ。逆に、公的資金による金融機関救済は、政策当局による株主等への不正な利益供与の意味を有する場合が生じるのであり、政策当局の判断は非常に難しい。小泉・竹中政権によるりそな銀行救済の事例は、その裏側に、巨大経済金融犯罪と呼んでも間違いではない巨大な闇が潜んでいたものと筆者は理解している。

金融危機に際して、中央銀行が無制限・無尽蔵の流動性供給を実行することが、危機拡大を遮断する有効な手段になり得ることは間違いない。しかしながら、その判断は、必然的に恣意的なものにならざるを得ないため、意思決定の透明性と正統性をどのように確保するのかが、極めて重要な論点になるのである。

また、ＦＲＢが市場から巨額の資産を購入することは、ＦＲＢの資産規模を膨張させる行為である。そしてＦＲＢが購入した資産が価格変動商品であるなら、ＦＲＢは巨大な価格変動リスクを負うことになる。

中央銀行が巨大な金融損失を蒙って、中央銀行自身のバランスシートを毀損させれば、中央銀行が発行する通貨の信用が失われる。中央銀行の信用が失われることこそ、通貨危機の源泉である。

サブプライム金融危機への、いわゆる「有事対応」によって、ＦＲＢのバランスシートは極限にまで膨張した。ＦＲＢが抱え込んだ保有資産の価格変動リスクは想像を絶する規模に膨れ上がっている。したがって、金融情勢が危機的状況を脱したと判定できた時点で、ＦＲＢは金融市場調節を「有事対応」から「平時対応」に切り換える必要がある。

２０１３年5月にバーナンキが表明した量的金融緩和縮小の方針こそ、この意味での「有事対応」から「平時対応」への切り換えを実行する方針表明であったと理解できる。

米国経済は緩やかな改善をたどり、２０１４年前半に、ついに失業率が６・５％を下回った。ＦＲＢの従来の判断では、金融政策を引き締め方向に転換する目安となる水準を越えたのである。ＦＲＢ議長は２０１４年2月にバーナンキからイエレンに交代した。このイエレン新体制

米国長期金利の推移（直近5年間）

の下で、量的金融緩和の終了、そして金利引き上げ政策への移行という流れが予想されたのである。

ところが、米国長期金利は２０１４年に入って、緩やかな低下傾向をたどった（Ｐ１４３）。10年国債利回りは３・０％の水準から２・３の水準へと低下した。この米国長期金利低下が、２０１４年の内外金融市場における最重要の基礎的変動になった。米国金利低下がドルの軟調をもたらした。既述の通りである。

日本では２０１３年に急激な円安進行に連動して、急激な株価上昇を経験したが、２０１４年前半は米国長期金利低下に伴うドル軟調地合の下で、日本株価の緩やかな下落に直面することになった。

ＦＲＢの使命は安定した経済成長の実現

第3章に記述したように、米国長期金利低下に関連してＦＲＢのイエレン議長は2つの事項を強調してきた。第1は米国労働市場に依然として「ゆるみ」が存在していること。第2は米国不動産市場および住宅投資環境に脆弱性が見られること、である。

労働市場に「ゆるみ」があるということがもたらす、ＦＲＢにとって最も重要な点は、賃金上昇圧力が高まっていないという現状である。

中央銀行が達成するべき第一の目標は通貨価値の維持、すなわち物価安定の実現である。労働市場にゆるみがあり、賃金上昇圧力が高まっていないという現実は、インフレ昂進についてＦＲＢが警戒姿勢を取る必然性がないことを正当化する最重要のポイントになる。

イエレン議長が重視した、もう1つの現況が、不動産市場の弱さ、そして住宅投資の軟調であった。２０１３年後半、米国長期金利は3％水準にまで上昇したが、この金利上昇が、直ちに住宅投資に対して抑圧的な影響を発生させ始めたのである。

通貨価値の維持＝物価の安定と並んでＦＲＢが果たすべき最大の役割は、安定経済成長の実現である。この2つを言い換えれば、物価安定と完全雇用の実現ということになる。この2つがＦＲＢが掲げるべき、二大政策目標である。雇用について言えば、完全雇用の実現を目指すことになるが、労働市場の構造変化が、完全雇用と呼ぶことのできる失業率水準を、従来よりは低い水準に移行させている可能性がある。

イエレン議長は、長期失業者が多数存在すること、雇用の増加の多くがフルタイム労働者の増加によってではなく、パートタイム労働者の増加によってもたらされていること、さらに雇用者全体の賃金の伸びが低位にあることを重視し、労働市場のミクロ分析は、米国労働市場で完全雇用状況はまだ成立していないことを示していると強調する。

この基本姿勢は２０１４年8月のジャクソンホールでの講演においても堅持された。月次統計である米国雇用統計における非農業部門雇用者増加数は、２０１３年から２０１４年にかけて大きな振れを示した。

２０１４年初に大きな影響を与えたのが、２０１３年12月と２０１４年1月の雇用者増加数だった。２０１３年12月が8・4万人、２０１４年1月が14・4万人にとどまったのである。米国経済が巡航速度で経済成長を遂げている局面では、毎月の雇用者増加数は、おおむね20万人程度になると理解されている。この水準をはるかに下回る、極めて低調な数字が2ヵ月連続で発表された。金融市場は、当然のことながら米国経済失速か、との観測を強めたのである。

しかし、この雇用者数の少なさは、この時期に米国を襲った大寒波の影響によるものであった。イエレンＦＲＢ議長は議会証言で、こうした特殊な要因によって一時的に統計数値が振れる可能性があるため、こうした月次統計によって状況を断定することは適切でないとの見解を示した。

実際、2月以降、雇用者増加数は急回復し、4月には30・4万人という高水準の数値が発表された。さらに6月にも26・7万人という雇用者増加数が観測されたのである。

ＦＲＢ自身がこうした単月の経済統計に揺り動かされるなら、金融市場の変動も大幅なものにならざるを得ない。金融市場変数の乱高下は、経済にとっても、金融市場にとっても望ましいものではない。

イエレンＦＲＢ議長は、寒波の影響で雇用者増加数が大幅に減少した局面でも、こうした統計数値の振れに短絡的に反応することは望ましくないことを表明した。金融引き締めに慎重であるなら、雇用統計数値の少なさは、その本音にとって都合の良いものと言えるから、統計数値を効果的に利用してしまうことも考えられるのだが、イエレン議長は、そのような行動を示さない。

逆に、4月や6月のような基準値を大幅に上回る雇用者増加数が発表された時も、単月の統計数値で景気過熱感の表出と判定することは適切でないとの見解を示した。「ブレ」のない、沈着冷静な状況分析姿勢が安定的に維持されているのである。

8月22日のジャクソンホールにおける講演においても、イエレン議長は米国経済情勢についての基本判断を改めて明示した。それは、「労働情勢は失業率などによって示される数値ほどにはタイトな状況にはない」との判断であり、「米国経済の基調は逼迫したものではなく、賃金上昇圧力も強まっていない」、「したがって性急な金融引き締め措置の実行は時期尚早である」というもので、この見解が安定的に維持されている。

そして、8月1日、さらに9月5日に発表された雇用統計の内容は、イエレン氏が一貫して主張してきた、米国経済の基調の弱さを示唆するものになったのである。イエレン氏の、現実経済を洞察する能力が極めて高いことが、改めて確認されている。

しかしながら、この経済状況が2014年末から2015年半ばにかけて持続すると断定するのは早計である。2014年9月に入って、米国長期金利に「変化の胎動」とも表現できる微妙な変化が観察されたことを無視はできない。イエレン議長は、金融引き締め政策実施への慎重な姿勢を堅持しているが、それにもかかわらず、一時的にではあったが米国長期金利に上昇の兆しが示されたのは事実であり、先行きの情勢に予断を持つことは適切でない。

実際、10月3日発表の9月雇用統計では雇用者増加数が24・8万人、失業率が5・9%に低下した。このため、再び中期的な金融引き締め観測が強まり、ニューヨーク株価に強い下方圧力が生まれ始めているように見える。

第2節　NY株価の暴落はあるか

NYはまだバブル価格ではない

米国金融市場をめぐっては、米国株価暴落を警戒する声が絶えない。ニューヨークダウは2009年3月9日、6547ドルまで下落した。このニューヨークダウが2014年9月19日には1万7350ドルにまで上昇した。日中変動まで含めれば、6469ドルに下落した。このニューヨークダウは2・7倍の水準に跳ね上がった。年率換算21%の株価大暴騰である。5年半でニューヨークダウは2・7倍の水準に跳ね上がった。年率換算21%の株価大暴騰である。

この株価が暴落に転じると警戒する声は根強い。株価暴落警戒論の1つの根拠とされているのは、1929年以降のニューヨーク株価推移との比較である。ニューヨークダウは、1929年10月2日に高値を記録した後、10月29日の暴落を契機に大崩落した（P149）。ニューヨークダウは1929年から32年にかけての3年間で、約10分の1の水準に暴落した。しかし、この株価は1932年を底に1937年にかけて急反発している。この4年間で株価は約4倍の水準に跳ね上がった。

NYダウ（1929-1944）
350.   1929年10月29日の
            大暴落
300.
250.
200.   大暴落後の反動高
                  1937年2月
150.
100.   1946年まで
 50.   10年の株価低迷
        3年   5年
  0.
  19 19 19 19 19 19 19 19 19 19 19 19 19 19 19 19
  29 30 31 32 33 34 35 36 37 38 39 40 41 42 43 44

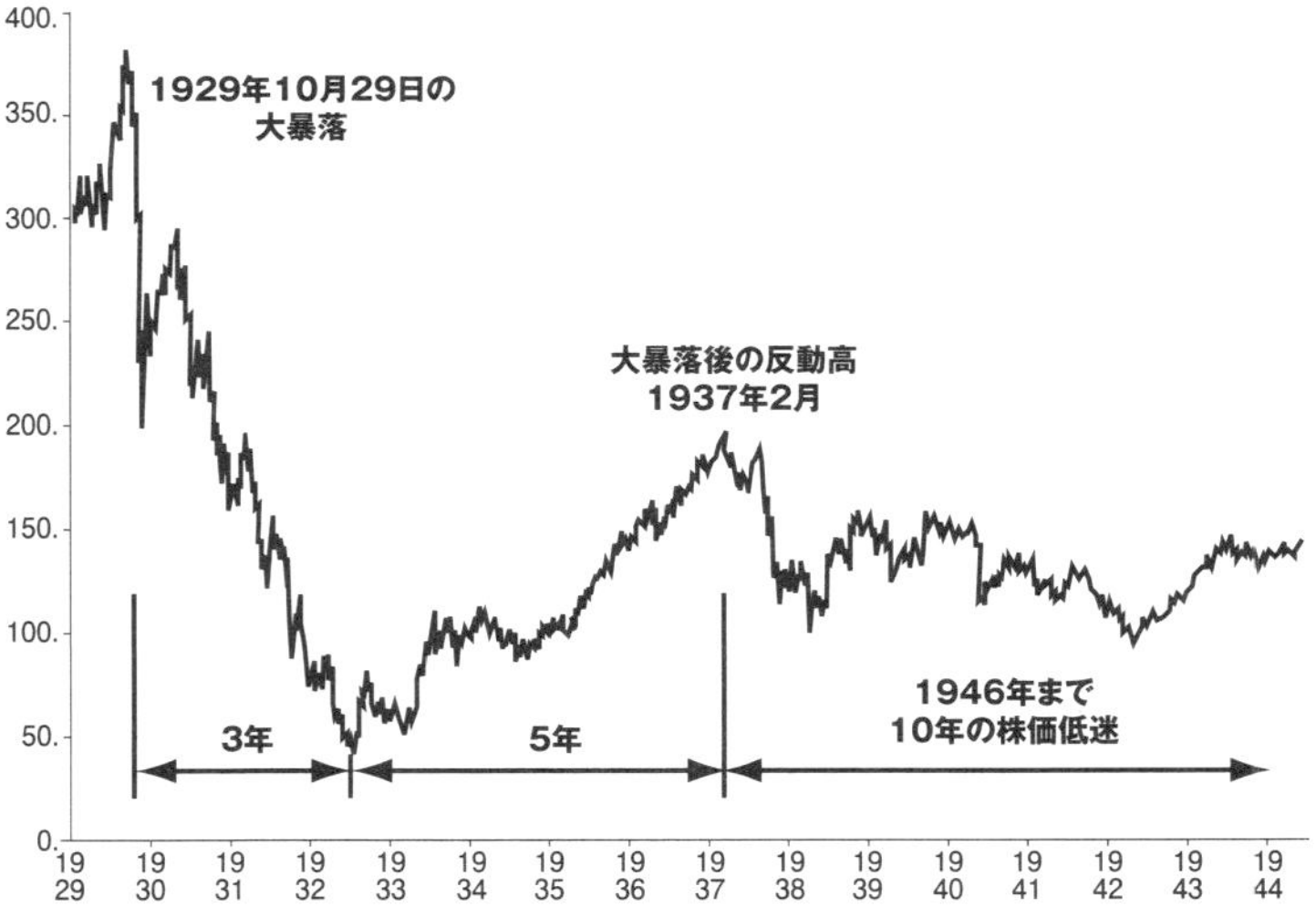

ところが、1937年を契機に株価は再び下落し、そして第2次大戦になだれ込んだのである。

ニューヨークダウは今回2007年10月から2009年3月にかけて急落した。1万4000ドル台から6500ドルへと大暴落を演じたのである。そして2009年3月から5年半、ニューヨークダウは急反発し、2・7倍の水準に跳ね上がった。この2014年以降、ニューヨーク株価が再び下落に転じ、米国経済が大不況に陥るとの警戒論を唱える専門家が存在する。

しかし筆者は結論から述べれば、ニューヨーク株価が大暴落に転じるリスクは、それほど大きなものではないと判断している。最大の根拠は現在のニューヨーク株価の水

米国株式PERの長期推移

準が、米国企業の利益水準から判断して、著しく高すぎる、いわゆるバブル価格にはなっていないと評価できるからである。ニューヨーク株価のPERの水準の推移を見ると、現在のニューヨーク株価のPER水準は、歴史的経緯から見ても、決して高すぎる水準に位置しているわけではない（P150）。

米国ニューヨーク株価のPERは10倍から20倍の水準を中心に変動してきた。株式の利回りと債券の利回りを比較して、そこから適正な株価水準を考えるという手法について説明した。米国長期金利の水準を3%とすれば、株式の利回りは6%。金利水準を4%と見れば、適正な株式益利回り水準は7%と仮定して考えた場合、PERは

17倍ないし15倍ということになり、現在のニューヨーク株価のＰＥＲ水準とほぼ一致する。

２０００年1月以降に、ニューヨーク株価が、いわゆる「ＩＴバブル崩壊」と表現される急落局面を演じたことがあったが、この局面ではＰＥＲが突出して高い水準を示していた。とりわけＩＴ関連セクターの株価ＰＥＲは、１００倍水準にまで上昇したのである。現在のニューヨーク株価指標にこうしたバブルの発生は観測されていない。

もう1つのチャートをご覧いただきたい。１９９４年以降のニューヨークダウの推移を示している（Ｐ１５２）。ニューヨークダウが1万ドルの大台を突破したのは、実は１９９９年3月のことである。２００９年3月を起点にニューヨークダウの上昇を見ると、年率21％という、まさに株価大暴騰と表現できる状況が示される。

しかしながら１９９９年の1万ドル突破の時点を起点に考えると、ニューヨークダウの上昇率は年平均４％となる。この期間の米国名目ＧＤＰ成長率が約４％であった。経済が４％で成長する際、生産の果実を労働と資本に分配する、その分配率が安定的に推移するなら、企業利益も４％のペースで拡大することになる。

ＰＥＲが一定に保たれるなら、株価上昇の速度は企業利益の増加率と等しくなる。つまり１９９９年を起点として考えれば、米国株価の上昇は適正なものと評価できると同時に、現在の米国株価の水準も、極めて合理的に説明できるということになる。

NYダウの推移（直近20年間）

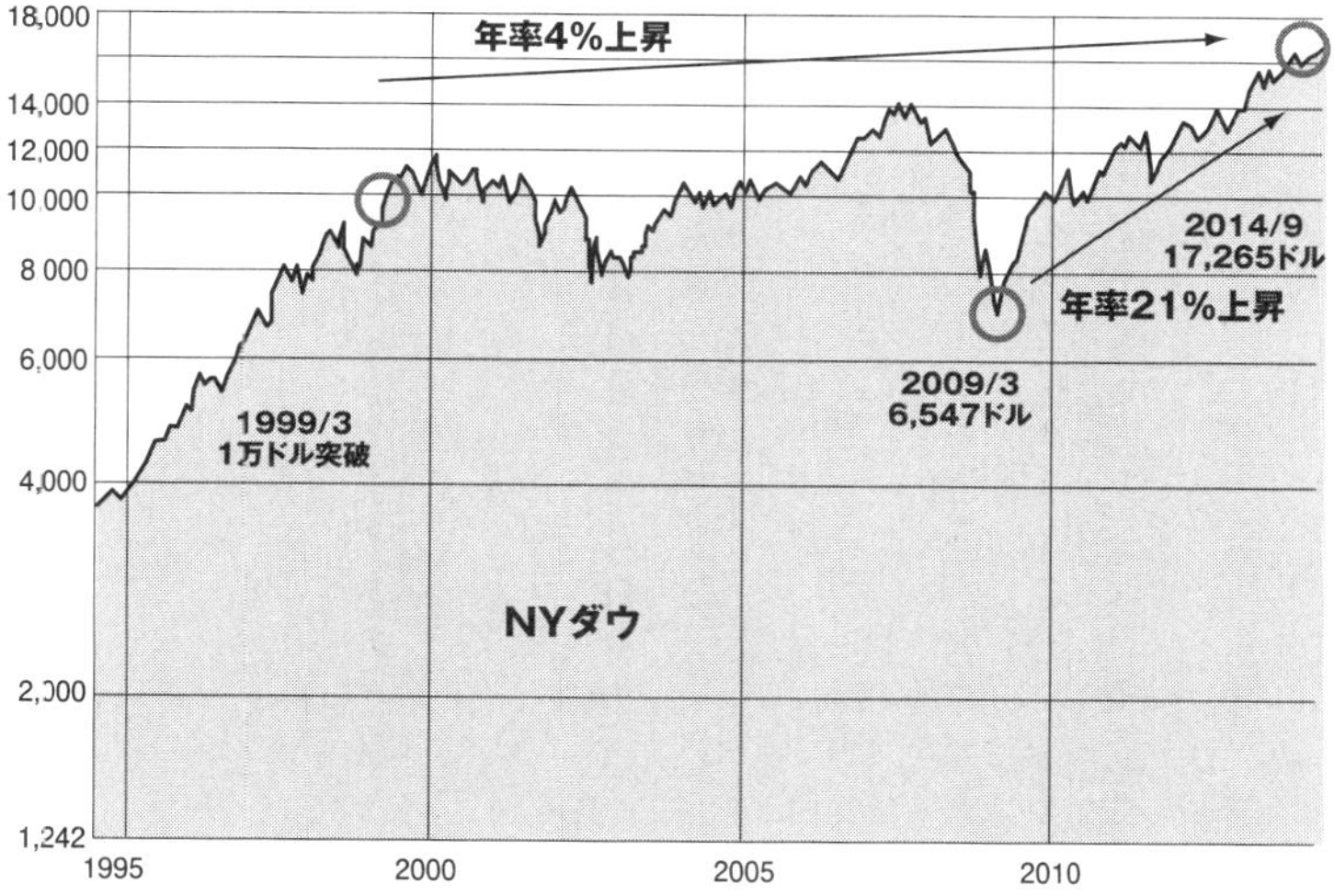

出典：ヤフーファイナンス

この意味で、米国株価が大暴落するリスクが現時点で大きいとは判定できない。しかしながら、直近10年間の株価チャートを見れば、２００９年３月以降にニューヨークダウが、急騰に次ぐ急騰を続けてきたことがわかる。相場変動のリズムとして、ある程度の調整が発生しておかしくない場面には至っている。

２０１１年９月以降の直近３年間の株価推移を見ると、おおむね半年に１度のペースで１０００ドル内外の調整が発生している（P１５３）。

２０１４年７月14日から８月４日にかけて、ニューヨークダウは８１８ドルの調整を演じた。相場のリズムという側面から考えれば、リーズナブルな調整が生じたと評

NYダウの推移（直近3年間）

価することもできる。

ただし2009年3月以降、5年半持続している株価急騰局面で、2011年半ばに2472ドルの中規模調整が発生した以外には、2000ドルを超す株価調整は観測されていない。この株価推移を踏まえると、2014年末から2015年にかけて、再度、2011年と同規模の調整が入るリスクを否定できない。

最大のポイントは米国金融政策の変化である。金融緩和が維持されてきたが、量的緩和が縮小の方向にある。そしてその延長上にはFRBが政策金利を引き上げるという、いわゆる金融引き締め措置への着手というプロセスが控えていると考えられるわけである。

２０１４年から２０１５年にかけて、ＦＲＢがいよいよ、この金融引き締め措置に着手することになるなら、２５００ドル規模の株価調整が発生する可能性を念頭に置かなければならないだろう。いわゆるバブルの崩壊という属性を持つ株価大暴落は想定されないが、金融政策の方向が緩和から引き締めに転換する政策転換に伴う中規模の株価調整が発生する可能性が徐々に高まりつつあることには、明確な認識が求められる。

第3節　金融危機は去ったのか

火種は依然としてくすぶり続けている

２００７年から２００９年にかけて、世界の金融市場が激震に見舞われた。世界的に株価は急落し、深刻な不況が広がった。グリーンスパン元ＦＲＢ議長は、米国のサブプライム金融危機について「１００年に一度の金融津波」と表現した。１００年に一度ということは、１９２９年に始まる世界大恐慌並みの金融波乱であると読み取ることもできる。サブプライム危機が発生したメカニズムは、1990年代の日本のバブル崩壊のメカニズムとは大きな相違がある。

1990年代の日本のバブル崩壊は、資産価格暴落に伴う不良債権の激増という図式によって説明できる。1989年末に日経平均株価は3万8915円の高値をつけた。日本全土の不動産価格は、約1年遅れて1990年末ごろに高値を記録した。いずれも理論的な適正値をはるかに超えるバブル価格が形成されたものであった。

1987年から1990年の4年間に、日本の金融機関は融資残高を約200兆円増加させた。銀行と呼ばれる業態から創造された融資残高が100兆円。ノンバンクと呼ばれる、銀行ではない金融業態から提供された貸し出し残高が約100兆円。合計200兆円の資金が供給された。この資金が資産の取得に振り向けられた。

金融機関の貸出残高を業種別に区分して調べると、200兆円の残高増加のすべてが実物資産取得に振り向けられたことがわかる。200兆円の資金は株式の取得、不動産の取得、ゴルフ会員権、そして絵画の取得に振り向けられた。1990年代に入り、資産価格が暴落した。200兆円の資金を借りて資産を購入した者が返済不能に陥った。多くの投資家が破綻していったのである。

同時に、この200兆円の資金を供給した金融機関の側にも巨大損失が生まれた。200兆円で購入された資産の時価評価が、約半値に暴落した。その結果、融資した資金が返済されない不良債権に転じた。200兆円注いで購入した資産の時価評価が100兆円になったのであるから、100兆円の損失が生まれる。この100兆円の損失を処理するために、金融機関は約20年の時間を費やした。

政策当局は預金金利をゼロに引き下げる金融緩和政策を採用した。預金金利がゼロになれば、金融機関の業務純益が増える。銀行はコストなしで資金を調達し、それを融資に回せるわけであり、この利ざやにより、年間約5兆円の業務純益が生まれた。5兆円の利益が20年蓄積されれば100兆円になる。政策当局の預金金利ゼロ誘導という政策により、金融機関には年間5兆円の利益が創出され、この利益によって不良債権処理が進められてきたのである。

経済効果から言えば、預金者に支払うべき預金金利をゼロにすることは、実質的な預金者課税である。この預金者課税で得た資金を金融機関に補助金として付与したと考えることができるわけだ。日本の不良債権問題は預金者課税と金融機関への補助金付与によって処理されたと言える。

これに対し、米国でサブプライム金融危機が発生した直接の契機はサブプライムローンの焦げつきだった。米国では2000年代前半に不動産価格が急騰した。S&Pケース・シラー住宅価格指数を見ると、2000年から2006年にかけての6年間で、住宅価格が2・26倍に上昇したことがわかる。不動産価格バブルの発生である。

この不動産バブル期の後半、金融機関はサブプライムローンの残高を増加させた。サブプライムローンとは、資金返済能力の小さい個人に実施する不動産ローンのことである。毎年の資金返済能力が乏しくても、その資金によって購入した資産の価格が上昇する見通しがあれば、これを担保とすれば金融機関は融資を実行できる。こうした融資が増加した。

ところが２００６年6月以降、不動産価格が下落に転じ、このサブプライムローンが不良債権に転化した。このことによって米国版の金融危機が発生したのである。しかしながらサブプライムローンの残高は、ピークで見ても1・3兆ドル程度でしかなかった。1ドル１００円で換算して１３０兆円規模の残高である。

融資は不動産価格が上昇する過程で実行されているのであり、最高値の瞬間に残高のすべてが融資されたわけではない。米国の不動産価格は、２００６年6月以降に3割強下落したが、仮に不動産価格のピークで１３０兆円の融資が行われたとしても、損失となる金額は最大値を取っても40兆円程度である。

この規模の損失であれば、米国の金融市場が吸収できないはずがなかった。ところがサブプライム危機の最大の特徴は、こうしたサブプライムローンそのものの不良債権化ではなく、サブプライムローン等の金融商品を原商品として創出された派生的な金融商品、デリバティブ金融商品のバブルが崩壊したところに特徴があった。

サブプライムローンなどの金融原商品を提供する金融機関が、金融債権を不動産担保証券（MBS）などの形態で投資家に販売する「証券化」と呼ばれる金融行動を拡大した。証券化されたサブプライムローンを複雑に組み合わせた金融商品は、それぞれのリスク資産を細分化したものとの理由から、信用格付機関から高い等級の信用格付けを付与された。こうして、高利回りだが信用格付けが高いという、言わば「魔法の金融商品」が急激に膨張していったのである。

デリバティブ金融商品の想定元本は、600兆ドル超にまで膨張したと推計されている。円に換算して6京円という規模である。このデリバティブ金融商品の価格が仮に1％下落したとして、その評価損は6兆ドル、600兆円に達する。サブプライム金融危機の最大の特徴は、デリバティブ金融バブルの崩壊にあり、日本のバブル崩壊のような、金融機関による融資資金の焦げ付きによる不良債権の増加とは異なる属性を持つバブル崩壊だったのである。

ＩＭＦ＝国際通貨基金は、米国と欧州の大手銀行がサブプライム金融危機発生に伴う不良資産と不良融資から受ける損失が2007年〜2010年の4年間だけで最悪 2兆8000億ドルに達すると予想した。しかし、その損失が十分に処理されたわけではなかった。ＩＭＦの推計では、2009年の段階で米国銀行は損失の60％、英国やユーロ圏の銀行は40％しか計上していないとした。

この金融崩落により、欧米の金融市場が大混乱に陥った。そして、全米第4位の投資銀行であったリーマンブラザーズが破綻したのである。その一方で、２００８年時点で間接保有を含めて５・１兆ドルの住宅ローン債権を所有していた住宅金融分野の政府支援機関である連邦住宅抵当公庫（ＦＮＭＡ＝ファニーメイ）と連邦住宅金融抵当公庫（ＦＨＬＭＣ＝フレディマック）はＧＳＥ債と呼ばれる巨額の資産担保証券を発行しており、これがデフォルト＝債務不履行になる場合の混乱の大きさが考慮されて、実質的に納税者負担で国有化された。

また、世界最大の保険会社であるＡＩＧも経営破綻の危機に直面したが、後述するＣＤＳ（クレジット・デフォルト・スワップ）市場に与える影響が壊滅的になることを恐れた米国政府は８５０億ドル（約９兆円）の緊急融資を実行するとともに、同社株式の79・９％を取得して、同社を実質国有化することで危機を回避した。

ニューヨークダウは２００９年３月９日に底を打ち、爾来、５年半で株価は２・７倍の水準に跳ね上がった。金融危機は過去のものになったとの認識が広がっているが、水面下には依然として火種がくすぶっているとの見方が存在する。

米国長期金利急上昇が危機をもたらす

米国不動産価格は２０１２年３月から上昇に転じたが、２０１３年後半以降、再び頭打ちか

TEDスプレッドの推移

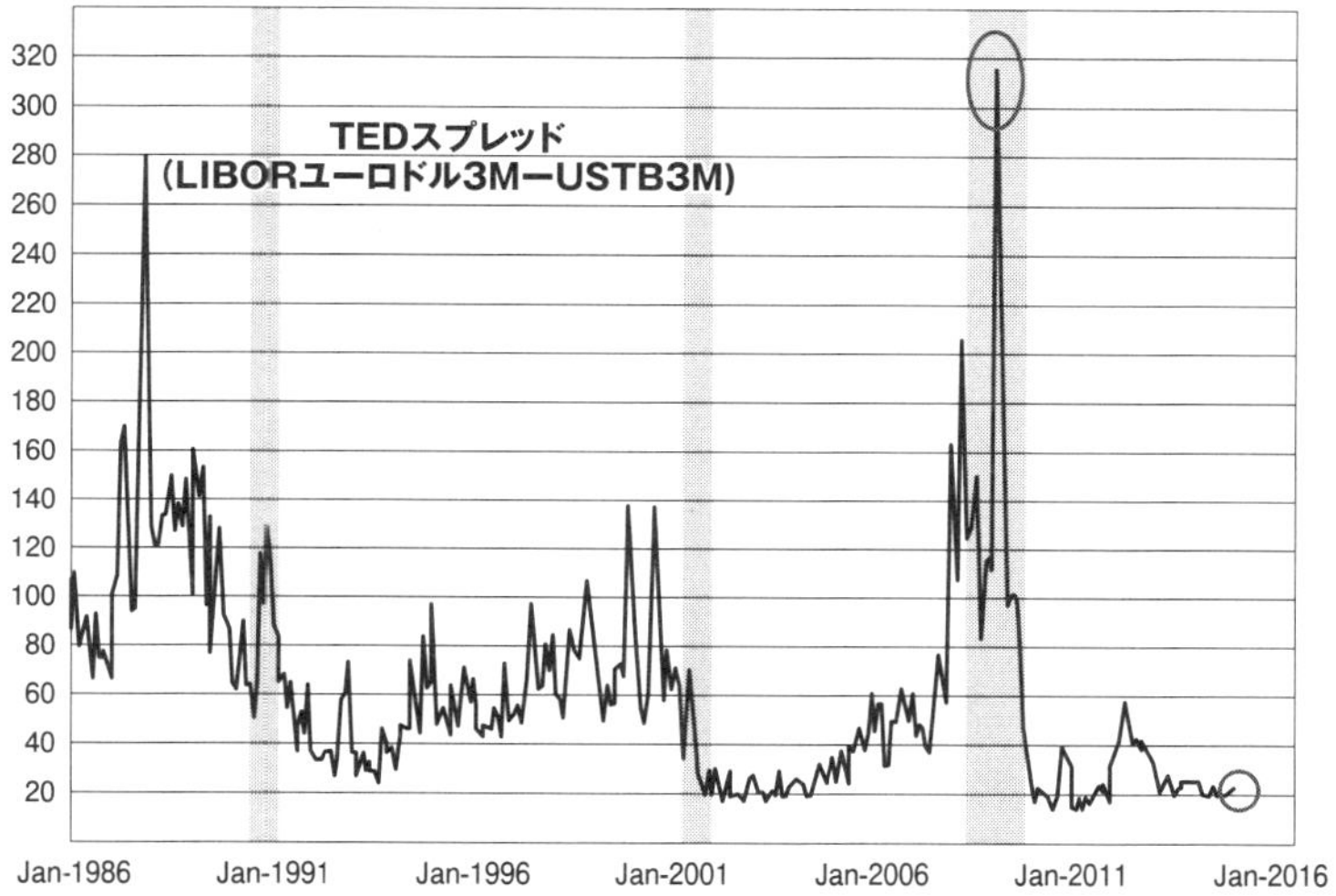

ら緩やかな下落傾向さえ示した。この点に重大な関心を寄せたのがイエレン議長である。２０１３年後半に米国長期金利が３％水準にまで上昇した。この金利上昇を背景に、不動産価格が下落し、米国の住宅投資および不動産市況が不安定化した。

この点について、イエレン議長が強い警戒感を表明したのである。住宅投資の低迷が米国経済を悪化させる恐れがあるとの直接的な影響だけではなく、裏側に潜む重大な問題に対してイエレン議長が警戒感を保持しているのだと考えられる。

米国の不動産価格が再び下落する場合、解消されたと言われてきたサブプライム金融危機の火種が、再び大きな火に転じる恐れがあるとの見方が払拭されていない。

この見解を否定する人々もたしかに存在する。サブプライム金融危機の後遺症はすでに消滅し、米国金融市場は安定状態、定常状態に回帰しているとの主張は存在する。

その1つの根拠とされているのが、TEDスプレッドと呼ばれる指標である（P160）。TEDスプレッドとは、2つの3ヵ月物ドル金利の差を計測したものである。1つがユーロドル3ヵ月金利。もう1つが3ヵ月物米国財務省証券利回りである。3ヵ月物金利における民間金利と政府金利の乖離《かいり》を見るのである。

金融危機が強まると、リスクの大きい民間機関への資金供給が途絶える。資金は政府の債務証券に集中する。金融危機の局面ではこの乖離＝TEDスプレッドが拡大する。このことから、TEDスプレッドが金融危機の有無を判定する指標として用いられている。

TEDスプレッドの1986年以降の推移を見ると、2つの突出点を観察することができる。1つが1987年秋のブラックマンデーである。ニューヨーク株価が急落した。世界大恐慌の再来かと懸念を持たれた局面である。いま1つが2008年から09年にかけてのサブプライム金融危機の局面である。

TEDスプレッドは300ベーシスポイント＝3％ポイントを超すところまで拡大した。このTEDスプレッドは現在、20ベーシスポイント程度で推移しており、歴史的にな低水準を示している。これが、金融市場に金融不安に対する警戒は存在しないことの証拠とされている。

たしかに表面的には金融危機のリスクは後退している。しかしながら、すべての問題が消え去ってはいないと考えられる1つの重要な証左がある。それはCDS残高が2013年末時点で、依然として21兆ドルも存在していることだ。円に換算して2100兆円の残高がある。

CDSはクレジット・デフォルト・スワップの略で、金融機関等が保有する債権を保証する一種の金融商品である。金融機関は保有する債権の価値を保全するために、保証料を支払って、この債権の保証を受ける。債権が返済不能＝デフォルトに陥った場合に、その元本の償還を保証してもらうわけである。

船主が船の座礁、沈没のリスクを踏まえて保険を掛けるのと同じだ。CDSの現時点の保証料率は平均約3％と見られている。債権を保有しながら、その債権がデフォルトになった時に備えて、3％の保証料を払い、保証を受けている。

このことが意味することは、この資産に対する強い警戒感が存在しているということである。2100兆円の残高に対して保証を掛けると、3％の保証料率では、年間63兆円の保証料支払いが必要になる。2100兆円の資産を保有して得られる金利収入を完全に消してしまう程度の規模である。ここまでして保証をかけている理由は、この資産の償還に大きな不安があるからだ。保証料率が高いのは、資産のデフォルトリスクが大きいことの反映である。

63兆円という法外な保証料負担であるが、この負担を消滅させてしまう1つのカラクリ、トリックがあることに気付かねばならない。それは、金融機関が相互に債権を保証し合う場合に、その金融機関がいずれも保証料を支払う必要がなくなることである。

Ａ銀行とＢ銀行がそれぞれ保有している資産のデフォルトリスクに備える保険商品＝ＣＤＳを購入する。保険に入るわけだ。Ｂ銀行はＡ銀行の債権を保証する。保証料として３％の手数料を受け取る。Ａ銀行は逆にＢ銀行が保有する債権を保証する。その保証料として、やはり３％の手数料を受け取る。保証を得る債権の残高が同額であれば、保証料の支払いと受け取りが同額になる。

つまりＡ銀行とＢ銀行は、ともにコストゼロで保有する資産の保証を得ることになる。不良資産であっても保証を得ているから、優良資産と評価することが可能になる。一種のトリック＝マジックであり、こうした措置が取られると、表面的には金融不安リスクはなくなってしまう。

サブプライム金融危機が表面化する前、サブプライムローンを原商品とするデリバティブ金融商品残高が膨張した。一部にリスクを指摘する者は存在したが、リスクを分散したデリバティブ金融商品に対して格付機関が高い等級の信用格付けを付与したことから、金融不安リスクは存在しないこととされていた。しかし、その後に金融不安が急拡大した。つまり、金融市場が示す金融不安リスクの指標が常に正しいとは限らないのである。

イエレンＦＲＢ議長は、米国経済の実勢の弱さを踏まえて金融引き締め措置に慎重である、という表向きの説明とは別に、率直には表出できない重圧にさいなまれているように見える。イエレン議長が恐れているのは、米国長期金利の急上昇ではないかと筆者は推察する。米国長期金利が上昇する時、２つの大きなリスクが表面化することになる。

１つは不動産価格下落を通じて、サブプライム金融危機以後、水面下に隠されてきた潜在的な金融資産のデフォルトリスクが高まることである。いま１つは、膨張したＦＲＢ資産の時価評価額の暴落である。

中央銀行は一般的にインフレ懸念に対して予防的・警戒的に行動する特性を有する。失業率が６％を下回り、経済の需給が大幅に引き締まりつつある状況下で、異例の量的金融緩和を維持し、超低金利政策を固定化ないし長期化しようとすること自体が、不自然といえば不自然である。

しかし、イエレン議長の言動をつぶさに観察すると、金融緩和政策の縮小、そして金融引き締め政策の実施に極度に警戒的であると見える。サブプライム危機によって創出された６００兆ドルのデリバティブ金融資産残高、現存する21兆ドルのＣＤＳ残高、そして４・４兆ドルに膨張したＦＲＢの金融資産残高が持つ潜在リスクの意味を軽視することはできない。

第4節　ＦＲＢ転落の危機

ＦＲＢが金融引き締め政策に着手する可能性

　イエレン議長はサブプライム金融危機の後遺症に対して強い警戒感を保持していると思われるが、もう1つの潜在リスクに対する警戒を強めていると考えられる。それが、ＦＲＢ保有資産の劣化リスクである（Ｐ１６６）。

　サブプライム金融危機に対応する「有事対応」＝量的金融緩和政策の実施により、ＦＲＢは資産規模は1兆ドル弱の水準から一気に4・4兆ドル水準へと拡張した。そしてその4・4兆ドルのＦＲＢ資産の中に1・6兆ドルを上回るＭＢＳ＝不動産担保証券がある。

　サブプライム金融危機が金融恐慌に移行する懸念が急拡大した段階で、ＦＲＢはＭＢＳの大量購入を断行した。買い取り価格は簿価であり、実勢価格との乖離は金融機関に対する補助金の意味を持つ。

　さらに、これとは別に三次にわたる量的金融緩和政策の実施により、ＦＲＢは米国国債の大

FRB資産推移

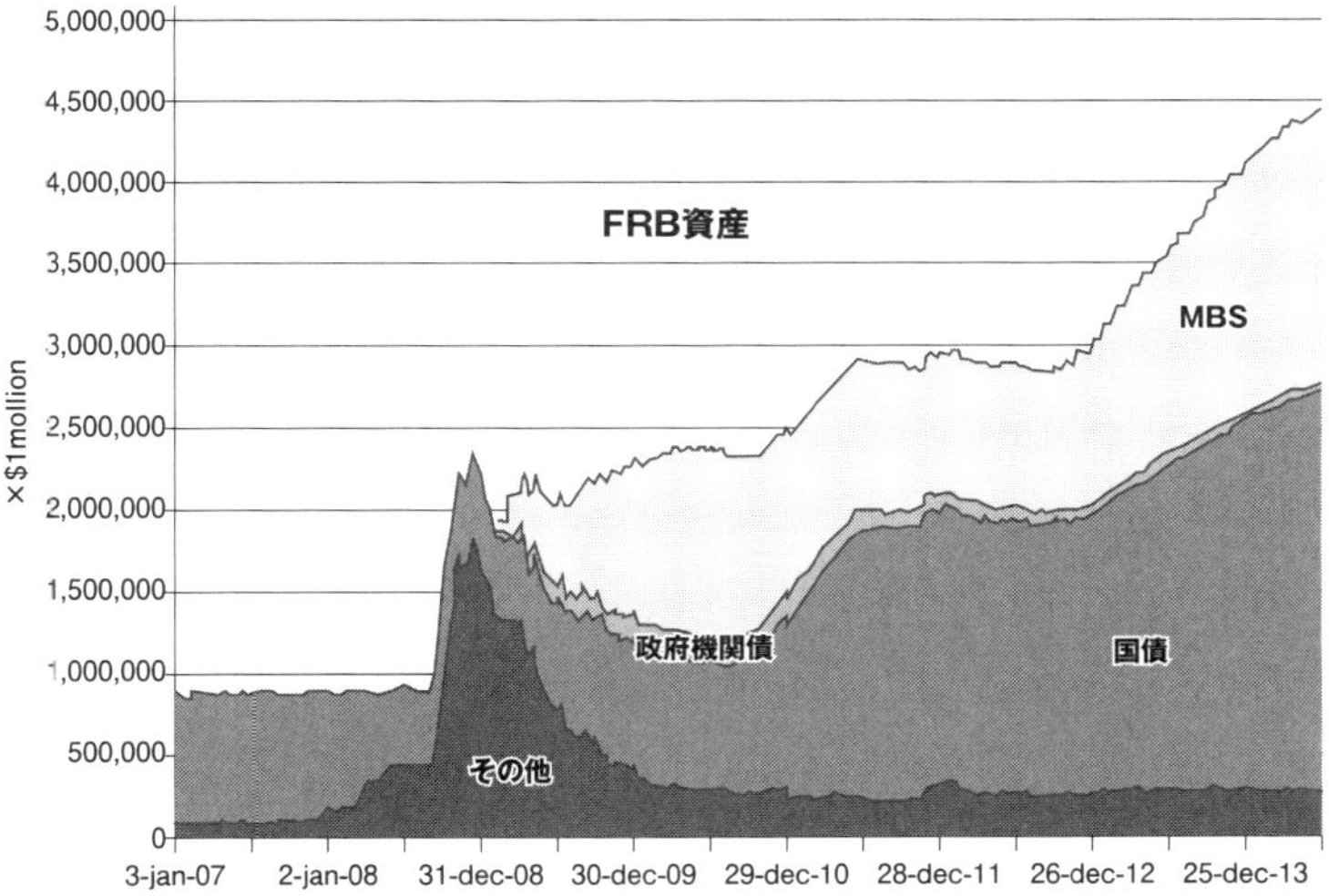

量保有者に転じたのである。２０１４年９月時点でＦＲＢが保有する米国国債残高は２・４兆ドルを超えている。

問題は米国長期金利の上昇である。米国長期金利が上昇し、不動産価格が下落すれば、ＦＲＢが保有するＭＢＳの時価評価額が下落する。同時に、長期金利の上昇とは債券価格の下落そのものであり、米国長期金利が上昇する局面で、ＦＲＢは保有資産の時価評価額の崩落に直面することになる。

金利が上昇する局面で債券価格がどの程度下落するのかは、債券の残存期間やクーポン金利によって変動するが、長期国債の場合、金利が２％上昇すれば、債券時価評価が15～20％下落することは十分に考え得る。２・４兆ドルの国債残高を保有している場合、長期金利の2％上昇は、保有国債の時価評価だけで35兆円から50兆円の資産損失を生み出しかねないのである。長期金利上昇局面でのＭＢＳ時価評価額の下落率はさらに大きなものになるだろう。

ＦＲＢが巨大損失を計上し、ＦＲＢの資産内容が劣化すれば、ＦＲＢの債務であるドル通貨そのものに対する信頼が根幹から揺らぐ。米国長期金利の急上昇と、これに伴うＦＲＢ資産時価評価の激減は、直ちにドル危機の引き金を引く原因になりうるのである。

イエレン議長が労働市場のゆるみを強調し、金融引き締め政策採用に著しく慎重なスタンスを示している本当の理由は、経済に対する抑圧効果を警戒しているということではなく、より深刻な金融不安、あるいはドル不安を招来することへの怖れにあるのではないかと、筆者は直感的に捉えるのである。

とはいえ、行き過ぎた金融緩和が実行され、景気が過熱し、インフレ率が実際に上昇し始めるという事態に立ち至れば、イエレン議長がいかに金融引き締めに慎重な姿勢を示したところで、市場金利である長期金利は急上昇してしまう。イエレン議長が警戒する長期金利の上昇を回避することは難しくなる。

この意味で、金融引き締め政策実施に慎重姿勢を示すイエレン議長ではあるが、長期金利の低位安定を保ち続ける道筋は、極めて狭い。ナローパスである。これまでのところは、実体経済の脆弱さにも支えられて、この難題をこなしてきたが、これを２０１５年を通じて維持し続けることは至難の業であると推察する。

長期金利の急上昇を回避しつつ、必要に応じて段階的に金融政策の方向を緩和から引き締め方向へと緩やかに移行させていく。長期金利急騰という事態を招かずに、段階的な金融緩和縮小、そして金利引き上げへの移行を実現することが目指されるのだろう。高度に洗練された政策対応が必要になっている。

大きな流れを想定すると、２０１４年8月のジャクソンホールでの講演で、金融引き締め政策への移行について依然として慎重なスタンスを示したイエレン議長であるが、1ヵ月半ごとに開かれる金融政策決定会合＝ＦＯＭＣでの政策決定は、極めて緩やかながら、しかし確実に金融引き締め方向へと移行していくのではないか。

７月、８月の雇用統計における雇用者増加数は、市場予想を大きく下回ったが、２０１４年9月には、一時的にではあるが、米国長期金利の小幅上昇も観測された。9月17、18日に開催されたＦＯＭＣ後の声明では、「現行のＦＦ金利の目標誘導レンジを資産購入の終了後も相当な期間（for a considerable time）維持することが適切になる」との表現が維持された。

ＦＯＭＣ後の記者会見でイエレン議長は、この「相当な期間（for a considerable time）」の表現が持つ意味について、こう述べた。

「『相当な期間』という文言が何を意味するのか、機械的な解釈はないと強調したい。何度も繰り返し申し上げているが、適切な利上げ開始時期に関する決定は経済指標次第だ。目標達成に向けた進捗ペースが速まり加速すれば、現時点の想定よりも早い時期に、より急ピッチで利上げする公算が大きい。だが見通しが変化すれば、その逆もあり得る」

すべては、今後の経済指標の内容に依存することをイエレン議長は強調した。しかし、その経済指標が月次でどのように発表されるのかは、まさに「神のみぞ知る」であり、事前に予断を持って断定することは不可能である。そして、10月に発表された9月雇用統計は金融引き締めへの移行を一歩前に進めるものになった。

今後の経済指標を注視しつつ、しかしながら、2015年まで期間を展望して、最終的にはFRBがFFレート引き上げという金融引き締め政策に着手する可能性が高いことを前提に、市場変動をきめ細かく観察するしかないということになる。

第5節　迫りくる調整の足音

アメリカ経済「長期停滞論」

米国長期金利が2・3％水準から反転上昇する気配をおぼろげながら示し始めている。2013年末以降、米国において、サマーズ元財務長官によって米国経済の長期停滞論が唱えられ、一定の影響力が広がっている。ベビーブーマー世代が退職世代に移行することにより、米国の労働供給の増加率が低下し始めている。

1990年代後半には、米国でIT革命が急速に進行し、ビジネスモデルにITを全面的に組み込む企業行動の革新が進行したため、生産性が急上昇して米国経済の成長率が大幅に上昇した。

しかし技術革新が一巡してしまうと、新たな生産性上昇が生じにくくなる。経済全体の生産性を引き上げる大規模な技術革新の波が終息し、米国経済の成長能力自体が低下しているとの指摘が説得力を持つ。

さらに、格差拡大は一握りの高所得者への所得分配を拡大させるもので、中間層を没落させるとともに、低所得者階層を増大させる、所得の低い人々の消費性向は高い一方で、所得の高い人々の消費性向は一般的に低い。低所得者は所得の多くを消費に回すが、高所得者は所得のごく一部しか消費に回さない。

格差が拡大し、所得の高い階層への所得分配が増加すると、経済全体の消費性向が低下してしまう。格差拡大は、経済全体の需要不足を拡大させるかたちで需給の不均衡をもたらし、経済停滞の原因になり得るのである。

こうした要因が複合的に重なり合い、米国経済の成長能力自体が低下しているとの見方が生まれている。これが米国経済長期停滞論の見立てである。

経済の成長能力＝自然成長率の低下は、実質金利の低下をもたらしやすい。名目金利は実質金利にインフレを加えたものであり、名目金利の変動はインフレ率変動の影響を受けるが、米国においても消費者物価上昇率が前年比2％を切る状況が生まれており、実質金利とインフレの現況は、米国の名目長期金利水準の低下を促す方向にあると言ってよいだろう。

米国長期金利の上昇を強く警戒していると考えられるイエレンＦＲＢ議長は、こうした経済構造の変化を踏まえて、米国の長期金利を急騰させないための種々の説明を提示しているとも考えられる。

それでも、金融政策が引き締め方向に転換するとの見通しが強まれば、長期金利は上昇に転じるだろう。その変化の程度を想定する必要がある。

イエレン議長は長期金利の大幅な上昇を避けつつ、必要最小限度の金融引き締め措置実施への円滑な移行を企図していると考えられ、この方向で米国経済金融市場がソフトランディングする可能性は低くないと思われる。

既述したように、サブプライム危機後遺症の残存、FRB保有資産の時価評価暴落によるドル不安の発生リスクなど、いくつかの重大なリスクファクターが存在しており、これらのリスクに対する十分な警戒が必要である。

重要なことは、メインシナリオを想定し、そのうえで、顕在化し得るリスクシナリオを把握しつつ、その発生可能性をできるだけ正確に想定することである。巨大リスクは存在するが、現時点でのメインシナリオは、イエレンFRB議長のきめ細かな政策対応が、大きなリスクの顕在化を巧みに回避させるのではないかというものである。

それでも、米国金融引き締め政策が実行される見通しが強まれば、2011年に見られたような中規模の株価調整は発生するだろう。その調整が2014年秋から2015年前半に到来する可能性があると考えられる。

第5章

アベノミクスの命運

第1節　中核をなす消費税問題

消費税増税シフトを敷いた第二次安倍改造内閣

２０１５年の日本経済の動向、そして株式市場を中心とする金融市場の変化方向は、安倍政権の経済政策運営に大きく依存する。２０１４年は消費税増税を強行実施したために日本経済を撃墜してしまった。

現在の日本企業の利益水準から考えれば日経平均株価は、すでに2万４５００円水準に上昇していておかしくない。日本経済の回復基調を維持していれば、株価は本格上昇に転じ、日本経済の成長力は一段と力強いものになったはずである。

経済の順調な成長は税収増加をもたらして、財政収支を大幅に改善させたはずである。財政収支の基礎条件を改善し、そのもとで無駄な政府支出を切り、社会保障制度を拡充する。この作業を終えた後に、最終的に財政収支を構造的に改善させるための国民負担増加策を採用する。これが望ましい経済運営と財政構造改革の姿であった。

しかし安倍政権は財務省の要求に乗り、シロアリを一匹も退治せぬまま消費税増税に突き進んだ。補正予算を含めた財政運営は超緊縮となり、２０１４年の日本経済を撃墜してしまったのである。この失敗の教訓を踏まえ、２０１４年12月の消費税再増税問題の判断においては、２０１５年10月増税を凍結、ないし先送りする決定が求められる。この決定を行うことにより、日本経済の底割れを回避することが可能になる。

しかし、日本経済が撃墜された現状で、これに追い打ちをかけるように、２０１５年10月の消費税再増税を決定すれば、文字通り日本経済はとどめを刺されることになる。２０１５年の経済金融市場の展開は、消費税問題に全面依存しているといって過言でない。ここで消費税問題を軸として描かれる２０１５年に向けての政局展望の３つのシナリオの骨格を再提示しておく。

第1のシナリオは、２０１４年12月に消費税再増税を決定し、２０１５年半ばに解散総選挙を打つというシナリオである。２０１５年4月には統一地方選が予定されており、安倍政権は、この選挙に向けて、利権財政支出を全国各地域にばらまく補正予算を編成すると見られる。しかし一方で、霞が関＝財務省の要求を呑むかたちで、消費税再増税を決定する。２０１６年央には消費税増税の影響が最も強く表れることになるため、解散・総選挙は２０１５年央に実施することが選択される可能性が高い。

この場合、金融市場は2015年以降の日本経済の動向に強い警戒感を保持することになると考えられる。日本経済の先行き見通しの下方屈折は、企業収益見通しの大幅な下方修正を生むことになる。

2万4500円の株価水準が理論的に妥当である状況は、企業利益が3割減少すれば、1万7000円が妥当水準となり、さらに企業収益の縮小が継続する場合には、1万6000円の現状の株価でさえ、割高な水準に変化し得る。

増税先送りこそ賢明な選択

第2のシナリオは、安倍政権が12月に2015年増税を先送りする決断を示すケースである。安倍政権の基本スタンスを踏まえれば消費税増税凍結は示されないだろう。増税先送りを決断する場合には、恐らく2017年4月の増税実施が選択されるだろう。

この場合、日本経済の先行き見通しは大幅に好転することになる。金融市場は5割5分の確率での2015年消費税再増税を織り込んでいると考えられ、この可能性が否定されれば、日本経済の先行き見通しは、大幅に上方修正されることになる。

株価が、現在の理論値水準である2万4500円の方向に再上昇しておかしくないことになる。日本経済は2014年4―6月期に激しい落ち込みを示したが、さらなる景気の底割れは回避され、2015年に向けて緩やかな改善傾向をたどることになるだろう。

安倍政権は、この場合2015年半ばに衆議院解散・総選挙に踏み切り、現在の与野党情勢を踏まえれば、衆議院過半数を維持する可能性が高まる。この場合には、9月の自民党総裁任期切れにおいて無投票再選となり、念願の長期政権を実現する可能性が高くなってくる。

現状を冷静にかつ合理的に判断すれば、2015年10月の消費税増税を先送りする決定が圧倒的に適正である。安倍氏自身がこの点についての確信を持てるのかどうか。抵抗を示すと考えられるのが財務省である。財務省は手に届くところにある消費税率10%を、手に届く間に確実に実現させておきたいとの希望を有する。

増税を先送りして2017年4月に実施する場合、増税実施前に選挙があり、選挙で政権交代などの大きな変動が生じれば、消費税増税が凍結される可能性が浮上する。

このリスクを踏まえて、財務省としては、安倍政権が消滅しようとも、安倍政権をペテンにかけてでも、2015年10月の消費税再増税実現を確保しようと躍起になるだろう。

その尖兵として送り込まれたのが日本銀行の黒田東彦氏である。黒田氏は中央銀行総裁として発言していない。これまでも、そしてこれからも、財務省の立場からの発言を続けるに違いない。日銀総裁のこの行動が、日本の金融政策に重大な歴史的禍根を残すことになる。

第3のシナリオは、サプライズシナリオであり、北朝鮮による拉致被害者の帰国が実現する、あるいはロシアのプーチン大統領が訪日し、北方領土問題が解決するなどのビッグサプライズが生じる場合に、年内に解散・総選挙を実施するというものだ。

年内解散・総選挙シナリオが選択される場合、消費税再増税問題については結論を示さぬまま選挙に突入する可能性が高い。この選挙で勝利すれば、原発、憲法、消費税、TPP、沖縄基地の5大問題に対して、主権者の多数が反対する施策を強行実施する環境が整うことになる。

安倍首相としては、外部環境が整えば年内解散・総選挙に打って出たいとの考えを保持していると推察される。第1のシナリオが45%、第2のシナリオが45%、第3のシナリオは10%というのが筆者の主観に基く確率分布である。

日本経済と金融市場にとっては、第2のシナリオが望ましい。日本経済を再浮上させる条件は第2のシナリオの採用である。日銀のマイナス金利創出により円安が進行しているが、円安と日本株価上昇の連動関係が、今後も永続する保証はない。今後の円安進行においては、むしろ円安の弊害が表面化し始めるリスクが高い。円安であるのに日本株価が下落するという事態が発生する可能性がある。

表面的には消費税再増税問題がカギを握るということであるが、その核心は経済政策運営の基本スタンスである。日本経済の本格的な回復を誘導することに最優先順位を与えるのか、そうではなく、増税実現に最優先順位を与えるのか、という政策基本スタンスの相違が問題なのである。

財務省の最大の誤りは、「経済あっての財政」という本質を見失い、「財政あっての経済」と勘違いしている点にある。

財務省にとっては、日本経済も国民生活も、どうでもよい問題である。財務省に「経済あっての財政」との発想は存在しない。彼らにおいては、常に「財政のための経済」である。何をどのように犠牲にしてでも、増税を実現できればそれでよい、というのが財務省のスタンスなのだ。

財務省があくことなく増税を追い求めるのは、官僚利権の資金源を確保し、絶やさぬためである。彼らは利権の源泉を確保し続け、できればそれを膨張させたいと考える。これが財務省の行動を規定する最大の根本原理である。現に、消費税は増税されているが、社会保障支出は圧縮されており、拡大しているのは官僚利権支出と政治屋利権支出だけなのだ。

第2節　弱食強肉政策のすすめ

日本国民を騙す財務省と安倍政権の手口

消費税増税政策が誤りである理由を筆者は5つ挙げている。第1に消費税増税の前にやるべきことがあるということだ。端的に表現すれば、「シロアリ退治なき消費税増税はおかしい」ということである。この主張を公約に掲げた野田佳彦政権が消費税増税を決定し、安倍晋三政権が消費税増税を実行したが、この間、シロアリは一匹も退治されていない。

それどころかシロアリの大繁殖が始まっている。財務省は、財務省天下りポストの全面奪還作戦を展開している。それを許容し、後押ししているのが安倍晋三政権である。どれだけ増税をしても、その税収がシロアリのエサと化すのであれば、増税の意味はゼロであり、日本の財政構造は悪化の一途をたどる。

第2の理由は、社会保障の拡充がまったく実現していないことである。現実に進展しているのは、社会保障制度の冷酷な切り込みである。年金保険料負担は引き上げられ、健康保険料負担は引き上げられ、介護保険料負担も引き上げられている。他方で保険医療を受ける際の窓口本人負担は引き上げられ、年金支給開始年齢も順次引き上げられている。重大な疾病に見舞われた時に生活を支える高額療養費制度についても、圧縮が進んでおり、難病治療に苦しむ人々に対する助成も切り込まれている。

障害者に対しては、障害者自立支援法という美名の下に、障害者に対する福祉政策の切り込みが進展している。生活保護の給付は切り下げられ、日本国憲法が保障する生存権自体が脅かされる事態が広がっている。

増税をしても社会保障が充実しないのは、シロアリ利権の増大と政治屋公共事業利権に財源が湯水のように注がれているためである。国民負担が増加すれば、日本の社会保障制度が拡充しなければならないのであるが、日本の場合、負担は北欧並み、社会保障水準は米国並みという悲劇の状態に陥りつつある。

消費税増税が誤りである第3の理由は、日本財政が危機には直面していないことにある。財務省は日本財政が危機にあると主張するが、これは虚偽である。財務省が用いる代表的数値は、政府債務残高がGDPの200%を越えているとするものであるが、2つの重要事実が正しく伝えられていない。この点は第3章第2節に詳述した。

もう1つの重要事項を示しておこう。2014年3月末の国と地方の長期債務残高は977

兆円とされているが、そのうちの約半分が不健全な債務とは言えないことだ（P183）。建設国債の256兆円、地方の債務201兆円については負債に見合う資産が存在する。不健全な債務とみなすのは適切でない。

不健全な債務と表現できるのは、特例国債の452兆円であり、これは日本のGDPの93%に該当するものである。主要国の長期政務債務残高のGDP比は米国が93%、英国が84%、フランス62%、ドイツ40%であり、日本は独仏よりも高いが米英並みの債務のGDP比にとどまっているのである。

日本以外の主要国においてはインフラ整備が基本的に完了しているために、日本の建設国債に該当する国債が基本的には発行されていない。他の主要国の国債残高は日本の赤字国債＝特例国債に該当するもので、国際比較する場合には、特例国債の残高で比較するのが適切である。日本財政が明日にでもギリシャのような事態に陥るというのは、財務省が創作した完全なる虚偽情報である。

しかしながら、このような情報を流布しなければ、消費税増税は通らない。本来はまず政府支出の無駄を切り、社会保障制度の拡充を図る。その上で国民負担の増加を検討すべきであるが、この手順が逆さまにされ、日本の財政危機という風説が流布され、消費税増税が強行されている。

国および地方の長期債務残高（2013年度末）

国・地方合計	977兆円程度
国	777兆円程度
うち建設国債	256兆円程度
うち特例国債	452兆円程度
地方	201兆円程度
452兆円の特例国債が問題のある政府債務そのGDP比は	93%
主要国の長期政府債務残高GDP比は	
米：93%　英：84%　仏：62%　独：40%	

出典：財務省

消費税増税が誤りである第4の理由は、経済状況を十分に踏まえた政策対応を取らなければ、経済全体を撃墜してしまうことにある。現に2014年度の日本経済は、この財政政策によって撃墜された。経済が撃墜されれば、税収が急減する。増税をしても、財政当局が目論む税収は上がらないのである。経済の崩壊は人々に不幸を付与するものである。失業、倒産が大量の経済苦自死をもたらしてきた現実を見落とすわけにはいかない。

消費税増税が誤りである第5の理由は、現在の消費税制度が致命的な欠陥を有していることである。消費税は、消費者が消費に伴い負担する税金とされているが、零細事業者は消費税増税分を価格に転嫁できない。それでも税率が引き上げられれば、この零細事業者が新規の高税率で計算される消費税の納税義務を負う。価格に転嫁できなかったのに新規の高税率でこの零細事業者が消費税を納付する場合、消費税増税分の負担者は消費者ではなく零細事業者になってしまう。したがって消費税は消費税ではなく、零細事業者事業者税になってしまっている。税制の根幹に関わる重大問題である。

大企業を優遇し国民に負担を強いる経済政策

安倍政権は経済政策運営の中心に弱肉強食主義を据えている。強いものをより強くし、弱い者には死んでもらうという政策スタンスが貫かれていると考えて良い。これが各種の規制撤廃、経済特区、TPP推進、そして消費税増税と法人税減税政策の組み合わせなどに露骨に表れている。

さらに事業者の労働コスト負担を圧縮するために、解雇の自由化、残業代ゼロ制度の導入、最低賃金制度の撤廃などが実施、あるいは検討されている。安倍政権は消費税負担を激増させる一方で、法人税負担のさらなる減税を画策しているが、日本政府はすでに2007年度に「抜本的税制改革に向けた基本的考え方」と題する文章を発表して、法人税問題について見解を示している。

2007年11月に政府税制調査会が発表したこの報告書には、日本の法人の税および社会保障負担についての政府見解が示されている。

報告書17ページに法人実効税率についての言及がある。政府税調報告書は課税ベースも合わせた実質的な企業の税負担、さらに社会保険料を含む企業の負担の国際比較を行った結果を示している。

報告書は、「課税ベースや社会保険料負担も考慮した企業負担については、モデル企業をベースとした試算において、我が国の企業負担は、現状では国際的に見て必ずしも高い水準にはないという結果も得た」と記述している。

また、2010年度の「税制改正の大綱」参考資料には、「法人所得課税及び社会保険料の法人負担の国際比較に関する調査（2006年3月）」の結果が掲載されている（P187）。

ここでは、自動車製造業、エレクトロニクス製造業、情報サービス業、金融（銀行）業についての、日、米、英、独、仏5カ国の比較が示されている。通常の比較と異なるのは、社会保険料負担が明示的に考慮されている点である。

財務省のホームページにも掲載されているこの資料を見ると、日本の法人企業の税および社会保険料負担が、国際比較上、高いとは言えない状況が示されている。社会保険料負担を含めた負担では、日本はイギリスと比較すれば高いが、アメリカとはほぼ同水準、ドイツ、フランスと比較すると大幅に低い姿が浮かび上がる。

ドイツやフランスなどの欧州諸国においては、企業の社会保険料負担が極めて大きい。このために税だけではなく、社会保険料負担も含めた企業負担で言えば、日本企業の負担は決して高くはないのである。

国税収入における主要3税目である所得税、法人税、消費税（従来は物品税等）の税収推移を比較したチャートを見ると、日本が現在進めている税制改革の方向は鮮明である（P187）。

1989年から2009年にかけての約20年間に、法人税収は約3分の1に減少した。所得税収は半分に減った。これに対し、消費税だけが3倍に増加してきているのである。この3倍に増大した消費税を、さらにいま、倍増させようとしており、他方で法人税については、さらなる減税が推進されている。

つまり、経済を支配する巨大資本の負担を軽減し、企業利益を増大させる一方で、労働者に対しては徹底的に過酷な政策が推進されている。2001年に登場した小泉政権は、いわゆる新自由主義的な経済政策を推進した。派遣労働を製造業にまで認め、製造業は労働者を消耗品のように取り扱うようになった。2008年末にサブプライム金融危機不況が日本を襲った際、製造業は我先に、この消耗品として扱ってきた派遣労働者のクビを一斉に切った。住むところを失い、所得も失った労働者が命からがら、東京の日比谷公園に駆け込み、なんとか生命を維持したことは記憶に新しい。

主要税目税収の推移

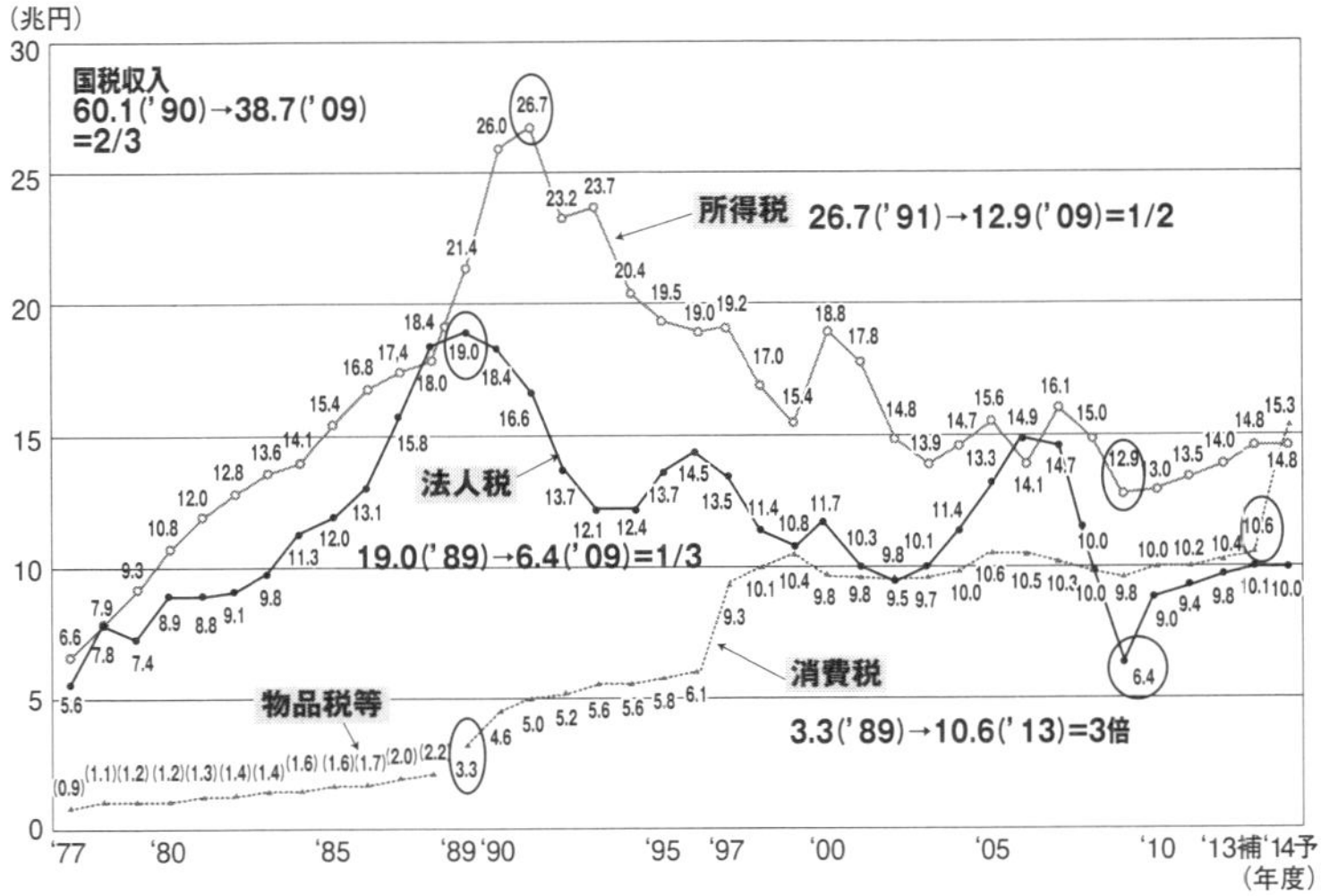

法人企業の税および社会保険料負担の国際比較

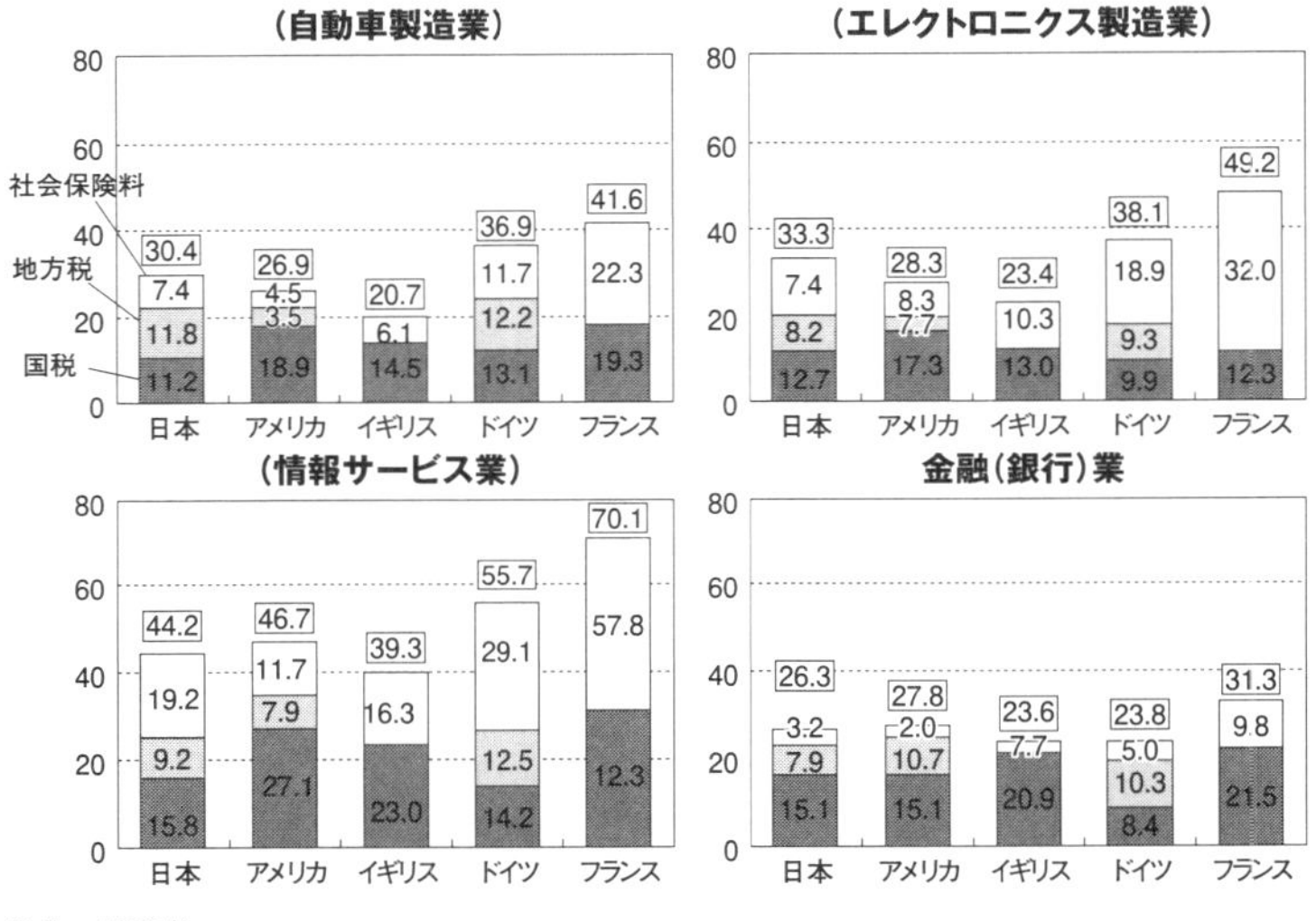

出典：財務省

かつて1億総中流と表現された日本社会は世界有数の格差社会に移行している。そして安倍政権はいま、この格差社会のさらなる進行を全面的に後押ししている。企業が求めているのは、解雇の自由化、残業代不払い制度の導入。そして最低賃金制度の撤廃である。

TPPには人の移動の自由化も含まれており、企業は、日本で事業を行いながら、外国人労働力を導入することを狙っている。外国人労働力の賃金水準は海外の賃金水準に連動することになるため、企業は日本にいながら海外進出を果たしたのと同じ効果を得ることができるようになる。

その結果がもたらすのは、日本の労働者の賃金が、より低い方向に引き寄せられることである。企業が最低賃金制度の撤廃と外国人労働力の導入を強く求めるのは、日本の労働者の賃金水準を海外の低廉な労働力賃金水準にまで引き下げることに狙いがある。

大資本を栄えさせ、その利潤の一部を政治にキックバックさせる。政治と大資本が癒着した経済政策運営が大手を振ってまかり通っているのが現状である。こうした資本優遇の経済政策は、短期的には資本のリターンを高めることを通じて、株価上昇要因になる。

新自由主義的な経済政策、弱肉強食推進の経済政策は、短期的には株価にプラスの影響を与える。しかし中長期では、まったく逆の効果が発生することに、十分な認識が必要である。

格差拡大が少子高齢化を加速させる

イエレンFRB議長が米国経済に関して指摘しているように、格差の拡大は、消費の全体量抑制をもたらす効果を発揮する。所得性向の高い低所得者に対する所得分配が減少し、消費性向の低い高所得者への所得分配が拡大すれば、所得に占める消費の比率である消費性向は、平均水準として低下する。

格差拡大、弱肉強食推進の政策は、実は個人消費というGDPの最大需要項目の自律的縮小をもたらし、需給の不均衡を拡大させ、経済低迷をもたらす要因になってしまうのである。

日本では少子高齢化が大きな問題になっている。日本創生会議は2040年に20～39歳の女性の数が49・8％の市区町村で5割以上減り、推計対象の全国約1800市町村のうち523で人口が1万人未満になって消滅する恐れがあるとの結果を発表した。政府は50年後の2060年代に人口1億人程度を維持するとの中長期国家目標を設けるとしているが、この目標とは真逆の人口減少社会が到来しようとしている。

この状況に対し、安倍政権は地方創生であるとか、女性の活躍できる社会創造などを提示しているが、まったく効果を発揮しないと思われる。少子化傾向が強まっている最大の理由は、実は格差の拡大にあるからである。

小泉政権以来の新自由主義経済政策、すなわち弱肉強食推進の経済政策により、恐るべきスピードで日本社会の格差拡大が広がっている。

総務省発表の労働力調査によると、日本の労働者の3人に1人以上、4割近くが非正規労働者に転落している。政府が定める最低賃金水準の全国平均は、1時間あたり780円である。年間所定内労働時間の1860時間を働いたとしても、年収は145万円にしかならない。

そして安倍政権は、さらにこの労働コスト削減推進政策を強化しようとしており、最低賃金制度そのものが撤廃されれば、フルタイムで働くのに、年収が100万円そこそこといった事態も発生しかねない。

すでに、汗水流して働いているのに年収が200万円以下という、いわゆる「ワーキングプア」と表現される状態に置かれている民間労働者は、2006年以降、7年連続で1000万人を越えている。この状況下で起こることは、結婚できない、あるいは結婚しない、そして子どもを生めない、生まない、子どもを育てられないという現象なのである。

子どもを生み、十分な教育を受けさせようとすれば、膨大な費用がかかる。日本の社会保障制度の最大の特徴は、子どもに対する給付が世界で最も貧困という点にある。

政府の経済政策で弱肉強食が推進され、労働者の大多数が低所得階層に追いやられ、他方で子育て、教育に対する支援が世界最低レベルの状況で、どこの誰が、子どもを多く生んで、育てようとするだろう。

安倍政権は、安倍政権が推進している弱肉強食政策そのものが、少子化の最大の原因になっている点に目を向けていない。

弱肉強食政策は、やがて日本から人口を消滅させ、日本そのものも滅びさせる元凶になる。

弱肉強食政策は、目先の短期では資本のリターンを高め、株価にプラスの影響を与えるように思われるが、中長期では、日本経済そのものを衰退、あるいは消滅させるインパクトを持つ、悪魔の施策なのである。

安倍政権が本気で少子化対策を考えるというのなら、現在の経済政策の基本方向を180度転換する必要がある。経済政策の基本路線の選択は、突き詰めれば「新自由主義＝弱肉強食社会追求」の経済政策路線で進むか、それとも「共生主義＝福祉社会追求」の経済政策路線で進むのかという問題に帰着する。

政府がすべての国民に保障する最低レベルの生活水準を大幅に引き上げることによって、国民生活の安心が増大する。日本ほどの税負担、社会保障負担を強いているのであれば、十分な社会保障制度の構築が本来は可能である。ところが、過酷な課税で得た血税の大半が官僚利権、政治屋利権に注ぎ込まれているのである。

安倍政権が新自由主義＝弱肉強食推進政策を進めながら、少子化対策を検討すること自体が、喜劇的な悲劇であると言わざるを得ない。筆者は、「弱肉強食」推進の現在の政策基本姿勢に対峙する方針として「弱食強肉」推進の政策方針を提唱する。

第3節　財務省日本橋本石町出張所

消費税増税を積極支持する日銀総裁

2013年の日銀人事において、安倍晋三氏は黒田東彦氏を日銀総裁に起用した。副総裁には岩田規久男氏を起用した。2008年の日銀人事では、財務省出身者の日銀総裁、副総裁への起用が見送られた。財務省は、財務省天下り利権の頂点に日銀総裁ポストを位置づけてきた。その財務省が日銀総裁ポストを失って15年の時間が経過した。

日銀と財務省＝旧大蔵省が日銀総裁ポストを5年ごとに分け合うという、いわゆる「たすきがけ人事」が実行されてきた。しかしながら財務省OBが日銀総裁ポストを占有することには、

※日本橋本石町は日本銀行の所在地。

重大な問題が存在する。中央銀行が財政当局によって支配される構図が作り出されることが、長期的に見て通貨価値の毀損《きそん》をもたらすリスクが小さくないからである。

金本位制ではない管理通貨制度の下においては、通貨価値は中央銀行の政策運営によって大きく変化する。財務省の利害を踏まえれば、中央銀行の政策運営に大きなバイアスがかかることが警戒されるのである。財政当局が中央銀行を政府の財布として自由自在に操ることが懸念の第1である。

懸念の第2は、財政当局が発行した国民からの借金である国債残高の実質価値は、インフレ率によって変動する。激しいインフレが引き起こされれば、国債は紙屑同然の存在になってしまう。財政当局が過去に発行した国債、つまり借金残高を帳消しにしようとするなら、最も手っとり早い方法は、激しいインフレを引き起こすことである。

中央銀行は金融政策をコントロールすることにより、インフレ率に影響を与えうる立場にある。この日銀を財務省が支配することは、本質的に重大なリスクを伴うことなのだ。

近年においてはデフレが深刻化し、インフレ率を引き上げることが容易ではないと認識されているが、各種の条件が整えば、再び激しいインフレが起こらないという保証はない。財務省が中央銀行をコントロールすることにより、中央銀行を政府の財布に変質させてしまうこと、中長期的に激しいインフレを引き起こしてしまうこと。この2つの懸念が重大なのである。

ところが、安倍政権が誕生して状況が一変した。財務省と安倍政権は利益共同体の関係を明確にし、安倍政権が財務省の利権を保護し、その利権拡張に全面協力する一方で、財務省は自民党による利権政治展開に全面的な協力姿勢を示すようになった。

黒田日銀総裁の最大の特徴は、日銀総裁というポストを得た後も、財務省の立場で発言を続けていることである。その象徴が消費税増税に対する積極推進の発言である。2014年4月以降、日本経済は消費税増税により撃墜された状況に陥った。経済指標を中立公正の観点から精査すれば、日本経済が消費税増税によって極めて強く打撃を受けたことは紛れもない事実である。にもかかわらず、黒田氏は日本経済の悪化を否定し、消費税増税推進の旗を振っている。

中央銀行総裁が中央銀行総裁としての職務に全力を注がず、財務省の立場からの発言を続けることは、極めて問題が多い。黒田氏は円安が日本経済にプラスの影響を与えると強調するが、現実の円安には陽の側面と陰の側面とがある。

日本企業は輸出依存から現地生産へと企業行動を大きく変質させており、円安が進行しても、日本の輸出量は大幅な増加を示さない。逆に円安は輸入物価上昇を通じて日本のインフレ率を引き上げているが、企業が賃金を抑制する行動を維持しているために、労働者は賃金が増えないのに物価だけが上がるという環境の下で、実質所得の大幅減少という苦難を背負わされている。

円安に伴う物価引き上げ政策は、企業にとって有利な施策であるが、労働者にとっては不利な施策である。その労働者にとって不利な政策を、黒田日銀はいまも推進している。円安推進政策が日本のインフレ率を上昇させているが、この環境下では、日本の長期金利がいつ反転上昇してもおかしくない。名目長期金利が実質長期金利と長期のインフレ予想との和によって定まると考えれば、インフレ率が3％台半ば、消費税の影響を差し引いても2％水準に接近する中で、0・4％の日本の長期金利水準は低すぎると言わざるを得ない。

日本の長期金利が上昇に転じれば、円安進行のもとでも、日本の株価が下落に転じることも考え得る。また、日本の金利が大幅に上昇すれば、外貨に流れていた資金が円に回帰し、急転直下の急激な円高が生じる恐れも生まれてくる。

2012年11月から2013年4月にかけて円安が進行した。日本の長期金利が低下し、円安が進行し、連動して日本の株価が上昇したのだが、この変化は、黒田氏が日銀総裁に就任する前に生じたものである。

黒田氏が日銀総裁に就任して初めて金融緩和政策を決定したのは、4月3日のことである。この政策決定後、日本の金利は急上昇し、為替は円高に振れ、株価は急落した。つまり黒田日銀の実績は必ずしも芳しいものではない。

安倍政権が誕生し、中央銀行の独立性を重視すべきとの見解が脇に追いやられた。しかし、歴史の評価は短時日に定まるものではない。黒田日銀がもたらす結果、帰結は、少なくとも5年間の任期を終えた段階で評価されるべきものである。

2014年8月から2015年にかけて、円安推進政策が日本のインフレ率を引き上げる方向に作用することを通じて、日本の長期金利が大幅上昇する恐れが表出する。黒田東彦氏は消費税再増税決定を後押しするために、日本国債相場の下落を演出しようとしているようにも見えるが、これが事実なら危険極まりない火遊びと言わざるを得ない。

日本の長期金利が大幅に上昇すれば、円安進行下であっても株価が下落する。経済の低迷は持続しており、一般労働者は所得が増えない環境下でインフレ率上昇でさらに過酷な苦しみを強いられることになる。黒田日銀の真価が問われるのは、実はこれからである。

第4節　円安のメカニズム

国内の資金がドル建て資産への投資に流出した

２０１２年秋から２０１３年春にかけて急激な円安が進行した。円安が進行した最大の理由は、米国長期金利上昇にあった。日銀は量的金融緩和を強化し、これが円安とマネーストックの増加をもたらすとされた。ところが現実にはマネーストックが増加していない。

短期金融市場への資金供給が増えれば、市中の銀行は融資を増大させる条件を得ることになる。金融機関の融資量は日銀に預ける準備預金の量によって制約を受ける。

銀行融資は、融資を受ける者の預金口座へ振り込まれるわけだが、その預金量に応じて市中銀行は日銀に準備預金を積み立てなければならない。金融機関が融資を増大させ、預金量の増大を獲得するには、それに見合う日銀に対する預け金、準備預金を獲得することが必要なのである。

このメカニズムから、日銀が市中銀行に対し準備預金を潤沢に供給すれば、金融機関が市中

ドル円相場の推移（直近3年間）

ユーロ円相場の推移（直近3年間）

に対する融資行動を活発化させ、世の中で使用される預金残高が増加することが期待できる。これが期待されてきたマネーストックの増大である。

金融緩和政策の強化は、マネーストックを増大させ、そのことを通じて経済活動の活発化やインフレ率の引き上げの実現を目指すものだった。

ところが現実には、金融機関の準備預金を増大させるための短期金融市場の資金残高は激増されたが、一番大事な金融機関による対市中の融資残高は増えていない。マネーストック全体が増加していないのである。したがって、金融緩和強化によるマネーストック増加と、それに連動するインフレ率上昇や経済活動の活発化という効果は得られていない。

それでは円安の進行はどのようなメカニズムによって生じてきたのであろうか。

カギを握るのは、日銀による国債の大量購入と、国債を日銀に譲渡した金融機関の行動である。日銀は年間70兆円という規模で国債の買い増しを進めてきた。新規国債発行額は50兆円程度であり、この金額を上回る国債を日銀が購入してきたことになる（P200）。政府が借金をする際に、国債を直接日銀に引き取ってもらう、いわゆる国債日銀引き受けは、財政法によって禁じられている。

ところが、財務省が国債を市中の金融機関に発行し、その市中の金融機関が、購入した国債を全額日銀に購入してもらうこと自体は、財政法が禁止していない。直接的な国債日銀引き受

日銀資産推移

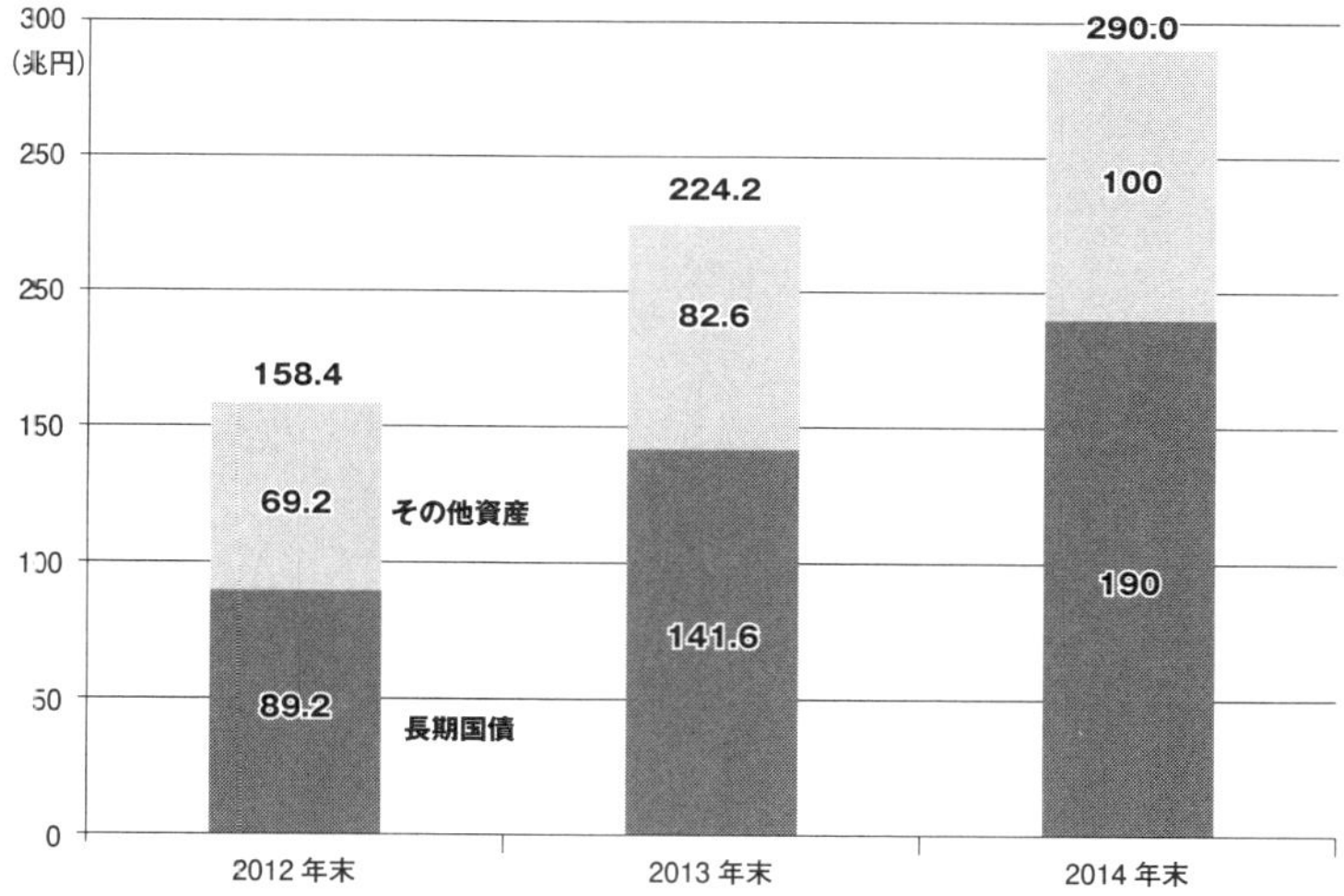

出典：日本銀行

けは行われていないが、実質的には国債日銀引き受けと同等、あるいはそれ以上の経済効果を持つ、〝実体上の国債日銀引き受け〟が実行されていることになる。

金融機関は国債を日銀に買い取ってもらうことにより、余裕資金を得ることになる。この資金を、国内の融資増大に振り向ければ、国内のマネーストックが増加するわけだ。当初描かれていた効果波及メカニズムが作動することになる。

ところが現実には、市中の銀行は、国債を日銀に売却して獲得した手元流動性を国内の与信拡大＝融資に回していない。この資金がドル建て資産に流出しているのである。

ドルが堅調である間、金融機関はドル建て資産への投資をすることによって日米の金利差を丸取りできる。円建てでリスクのある貸出先に融資を増やすよりは、日本政府がドル高推進の政策を採用している前提の下では、ドル建て金利資産への資金供給は円ベースに引き直した際のリターンにおいて魅力的なものになる。

ドル金利は円金利よりも高い。そして、日本の金融機関の円売り・ドル買いの金融取引自体がドル上昇の要因になる。円を売りドル資産を購入する日本の金融機関は、為替レートのリスクをカバーしなければ、日米の金利差に加えて、ドル上昇のリターンをも獲得することができる。

このメカニズムによって、ドル投資が促進され、ドル高が強まる現象が、過去においてもしばしば観察されてきた。いわゆる「キャリートレード」と呼ばれる金融取引である。しかし、問題がある。この取引の延長上に、逆転現象が生じやすいことである。

ドルが上昇している間は、問題が顕在化しない。しかし、ドルが反転して下落する局面で、急激な「巻き戻し」が発生することが少なくないのである。

ドル資産に投資してきた投資家は、ドルが反転下落すると見れば、一斉にドル売り・円買いの金融取引を実行することになるだろう。これを為替市場における「巻き戻し」と表現するが、この巻き戻しによって急激な円高・ドル安が発生し得るのだ。

日銀は2014年9月になって短期金融市場のオペレーションにおいて、実質的なマイナス金利を実現させる政策を実行した。この政策実施が急激なドル高・円安進行の契機になった。他方、米国の金融引き締めが前倒しになるとの観測が広がったこともドル高を加速させた一因である。

これらを背景に２０１４年9月以降、投機色の強いドル高が生じているが、そのドル高がいずれかの時点で巻き戻しの局面に遭遇する可能性は低くない。日本では、円安が進行しても、長期金利が上昇傾向を強めれば、株価上昇が実現しない事態が生じるかもしれない。いわゆる「悪い円安」が進行する可能性が浮上するのである。

金融緩和強化の主張は、金融緩和強化が金融機関の国内での与信活動活発化をもたらし、国内のマネーストックを増大させ、そのことが経済活動やインフレ率上昇に寄与するものとして想定されていたのだが、現実に発生したメカニズムは、これとは異なるという点を認識しておく必要がある。

第5節　日銀信用の失墜

インフレ率を引き上げる日銀の円安誘導

日銀は潜在的なリスクを高めつつある。黒田日銀は年額50～70兆円の国債購入を実行している。この資金供給は実態上の国債日銀引き受けであり、財政規律のゆるみにもつながる問題をはらむ。しかしながら日銀が供給した資金は、マネーストックの増大にはつながっていない。

金融機関は国債売却によって得た資金をドル資産に振り向け、ドル高進行のもとでのみ内外金利差とドル高のメリットを享受できる状況を謳歌しているが、ひとたび流れが転換すれば、大きな混乱が引き起こされる。

日銀はマイナス金利を創出し、円安を誘導しているが、この円安は、日本のインフレ率を引き上げる効果を持つ。日本のインフレ率は見かけ上は3％台半ばにまで上昇している。消費税増税の影響を取り除いても1％台後半の上昇率を示す。この状況下で日本の長期金利が0・4％水準に位置することは、いかにも不自然である。米国長期金利が上昇に転じれば、連動して日本の長期金利が急上昇することも発生し得る。

日銀は1年間で国債を70兆円もの規模で購入しているが、金利上昇は直ちに日銀保有国債の時価減少に伴う巨大損失を生む原因になる。米国国債の時価評価額減少について既述したが、2％の金利上昇で15～20％の評価額減少が生じれば、２０１４年末の１９０兆円の国債保有残高に対して30～40兆円の評価損が計上されかねないのである。

米国同様、日本銀行も巨大リスクを積み上げていることになる。日銀の存亡そのものに関わる問題であると言うべきである。

ＦＲＢのイエレン議長は、ＦＲＢのバランスシート拡張に伴う価格変動リスクを強く認識して、ＦＲＢの巨大損失が発生しないように、長期金利の急騰を慎重に避ける言動を繰り返している。

ところが日銀の黒田総裁の場合、このような認識を欠いているのではないかと推察される。マイナス金利を人為的に創出し、円安誘導政策を採用しているが、その円安が日本のインフレ率をさらに高めることになる。

消費税の影響を除いても、2％近いインフレ率が現実化しているのであり、こうなると日本の長期金利は０・４％からいつ大幅に跳ね上がってもおかしくはなくなる。日本の長期金利が急上昇すれば、日本銀行保有の国債の時価評価額が激減し、日銀自身が破綻の危機に直面することになる。このリスクを黒田総裁がまったく認識していないように見えることが問題である。

２０１５年半ばにかけて、バランスシートを巨大化させた米国と日本の中央銀行が、仮に長期金利急上昇の局面に直面すれば、中央銀行の財務状況の著しい悪化を通じて中央銀行そのものの信認が失われ、このルートから信用不安が広がる懸念が確実に存在するのである。

第6章

欧州・中国・原油・金

第1節　為替・物価・金利の循環

持続するユーロの下落傾向

２０１４年の為替市場における最大の特徴は、ユーロの下落である。２０１２年7月から２０１３年半ばにかけて、日本円が急落した。対米ドルでは、1ドル77円から１０３円までの円安が生じた。対ユーロでも94円から１３３円への円急落が生じたのである。

２０１３年5月以降は、為替市場での変動は緩やかになったが、それでも日本円は米ドルおよびユーロに対し、下落基調をたどった。ドル／円相場は２０１３年12月末に1ドル１０５円台へと進行した。対ユーロでは、２０１３年12月に1ユーロ＝１４５円までの円安が進行したのである。

ところが２０１４年に入り、状況に変化が生じた。ドル／円相場は、年初から8月までほぼ完全に横ばいの推移をたどった。8月後半以降、ドルが日本円に対し急上昇し、10月1日についに1ドル１１０円台に突入した。これに対し、ユーロ／円相場は1ユーロ＝１４５円から１

ユーロ円相場の推移（直近3年間）

ユーロドルの推移（直近3年間）

ユーロ＝１３５円へと緩やかなユーロの下落、日本円の上昇が生じている（Ｐ２０９）。

ユーロ／ドル相場を見ると、ユーロの下落はより鮮明であり、１ユーロ＝１・４ドルに迫ったユーロが、１ユーロ＝１・２５ドルにまで下落した（Ｐ２０９）。２０１４年に入っての為替市場の大きな変化は、ユーロ下落であった。その背景にＥＣＢ＝欧州中央銀行による金融緩和政策の強化がある。

ＥＣＢ・欧州中央銀行は政策金利を、２０１３年11月７日（０・50％→０・25％）、２０１４年６月５日（０・25％→０・15％）、２０１４年９月４日（０・15％→０・05％）へと順次切り下げた（Ｐ１１８）。ＥＣＢの強い金融緩和政策推進の意思が示された。

ＥＣＢの政策金利は２０１４年９月現在、０・05％にまで引き下げられている。背景にはユーロ圏の物価上昇率の著しい低下がある。２０１３年の年初には、米国およびユーロ圏の消費者物価上昇率が前年比約２％、日本の消費者物価上昇率は２０１３年３月にマイナス０・９％の水準にあった。

ところが、日本と米国の消費者物価上昇率が２０１４年５月に前年比２％に到達する一方で、ユーロ圏の消費者物価上昇率は８月に前年比＋０・３％にまで急低下した。

こうした経済状況の変化を映して、ＥＣＢが金利引き下げ措置を順次実施してきた。ユーロは対日本円だけでなく、対米ドルでも下落傾向を強めている。既述したように、為替と物価と金利は、連動して循環変動を示す特性を持つ。

日本では２０１３年初まで、デフレの言葉で表現される物価下落が進行していた。背後に日本円の上昇があった。この環境下では金融緩和政策の強化が正当化される。金融緩和政策が強化されて通貨が下落する。通貨の下落は、やがてインフレ率を高める影響をもたらす。インフレ率が十分に上昇してくれば、金融緩和政策を強化する正当な理由は消滅する。

そして、その先には、金融政策運営の緩和から引き締め方向への転換が現実化してゆくのである。２０１３年後半の米国がこの段階に差しかかっていた。

日本では、２０１２年末から、アベノミクスの名の下で金融緩和政策の強化が提唱され、同時に発生した米国長期金利上昇の影響もあって円安が進行した。その結果、日本のインフレ率が大幅に上昇し、日本のインフレ率が米国と肩を並べる状況に立ち至った。

ここまでインフレ率の上昇が進行すると、今後は日本の金融緩和政策推進、円安誘導政策が国際的には許容されにくい状況が生まれてくると考えられる。

日銀総裁の黒田東彦氏は財政当局が推進する消費税再増税決定を後押しするためだと思われる金融緩和政策の強化を提唱しているが、すでに述べたように、重大な危うさを内包している。インフレ率の上昇が進行するなかで、さらなる円安とインフレ率上昇を誘導するならば、日本の長期金利が低下せずに、逆に上昇してしまう反応が生まれる可能性が高まるからである。

米国では2013年5月にバーナンキFRB前議長によって量的金融緩和政策縮小の可能性が示唆され、実際に量的金融緩和政策が縮小されてきたが、2014年2月にイエレン氏がFRB議長に就任して以降、労働市場のゆるみが強調され、金融引き締め政策への移行は先送りされてきた。

米国の金融政策が引き締め実施の方向に向いている間は、米ドルは上昇しやすい環境に置かれることになる。日本では円安傾向が発生する過程で株価が上昇する傾向を有してきたため、目先は株価の反発が期待されるところであるが、既述の通り、日本長期金利が上昇するリスクを十分に踏まえておくべきである。

ＥＣＢは金融緩和政策を段階的に強化してきており、当面はユーロの下落傾向が持続する可能性が高い。ユーロ圏のインフレ率がいまもなお低下傾向をたどっており、当面はＥＣＢによる金融緩和政策強化を背景とするユーロの下落傾向持続が予測される。

しかし、その延長上には、通貨下落→インフレ率上昇→金融政策の方向転換という、次の循環が待ち構えることになる。通貨の上昇・下落、インフレ率の下落・上昇、金融政策の緩和と引き締めは、相互に連関し合って循環変動を示す。この循環変動のメカニズムをしっかりと把握しておくことが大切である。

第2節　理財商品、不動産バブル、人民元の三大リスク

続く中国株の低迷と人民元の急騰

第3章に2014年までの中国経済の推移について要約して記述した。中国では2012年以来、経済底入れのチャンスを何度も窺ってきたが日中経済関係の冷却化と対日本円での中国人民元の大幅上昇などの要因によって、経済底入れのチャンスを生かせずに現在に至っている。

上海総合株価指数は2009年8月のサブプライム危機後の株価反発局面のピークから丸5年間の長期低迷を持続して現在に至っている。上海総合指数は、2007年10月に6124ポイントの高値をつけた。2005年6月の1000ポイント割れから、わずか2年4カ月で、株価は6倍の水準に跳ね上がった。その中国株価が世界の株式市場に連動する形で暴落に転じた。

2008年10月には1664ポイントへと暴落。わずか1年で株価指数が4分の1の水準に大暴落した。米国を中心とする世界市場の株価は2009年3月に底値を記録したが中国株価

は半年早く、２００８年10月に底値を記録して、２００９年８月まで急反発を示した。わずか10ヵ月で株価は２倍の水準である３４７８ポイントまで値を戻した。しかし２００９年８月以降、中国株価は丸５年にわたる長期低迷を続けて現在に至っている。

２０００ポイントが岩盤となり、２０００ポイントを大きくは下回らない推移を続けているが、大きく反発もできず、現在に至っている。既述したように、２０１２年、２０１３年に経済浮上の可能性が浮上したが、いずれも再失速してしまった。

その大きな背景に中国人民元の対日本円での急騰があった（P１２７）。２０１２年９月から２０１３年５月にかけての急騰、２０１３年末にかけての急騰が経済の浮上を妨げてきたと理解できる。２０１２年においては、反日デモの広がりが重要な経済悪化要因になった。

２００９年に４兆元（64兆円）規模の景気対策を実施したため、２０１０年には10％経済成長を実現したが、それ以後は、経済成長率の趨勢的な低下が観察されている。

中国経済においては、ＧＤＰに占める投資の比率が高く、個人消費や住宅投資などの国内最終需要による生産拡大の循環メカニズムが持続し得ない状況が観察されている。投資によって生産能力が増強されても、その生産能力を振り向ける最終需要が拡大しなければ設備は遊休化し、生産活動は減退せざるを得なくなる。

中国政策当局は、この問題に対処し始めている。２０１４年８月に習近平氏は、「改革を全面的に深める元年だ」と宣言し、経済構造の転換を目指す考え方が示された。

設備投資を奨励して、無理やり成長率を高める政策運営を排して、成長率を引き下げてでも、均衡ある成長パターンを実現することが指向され始めたと理解することができる。

とはいえ、人民元は米ドルと実態としてリンクしており、米ドルが上昇する局面で人民元が日本円などに対して連れ高してしまう傾向をいまも有している。２０１４年８月後半以降のドル高・円安局面で人民元はやはり対円での上昇傾向を示している。過去のパターンでは、この人民元上昇が中国経済のブレーキとして機能してしまってきたことから、中国経済の再悪化が警戒される。

ところが、２０１４年10月初めまでの上海総合指数の推移を見る限り、株価には下方圧力がかからず、逆に株価底離れの兆候さえ観察されている。

中国政策当局による、中国経済の安定成長への誘導路線が、金融市場で好意的に捉えられている可能性がある。中国株価の底離れ、中国経済の底入れ可能性について、先入観を排して見守る注意深さが求められる局面である。

２００９年の64兆円の景気対策の大半は、地方政府の投資支出によって実施されたが、その際に調達した資金の返済に滞りが発生している。この資金調達に関連して、銀行融資ではない高金利の資金調達が広がり、その債権が高利回りの理財商品として組み替えられて投資家に販売されてきた。

ところが、高金利で調達した資金を投じた事業の採算が悪化して、調達資金の返済に滞りが発生するようになった。これが中国の理財商品問題＝シャドーバンキング問題である。企業や地方政府による銀行を経由しない資金調達資金が高利回り金融商品として投資対象になっているわけで、その残高は５００兆円近くにまで膨張していると見られている。

中国のＧＤＰの50％を突破しているシャドーバンキング＝理財商品の残高の膨張のなかで、一部でデフォルトが発生し始めている。デフォルトが拡散すれば、日本のバブル崩壊金融危機、米国のサブプライム金融危機に類似した大きな混乱が発生しかねないことになる。この問題に対する警戒感が強まっている。

ここで問題になるのは、中国の不動産価格の動向である。中国人民銀行の潘功勝《はんこうしょう》副総裁は、２０１４年６月に中国山東省で講演し、「不動産バブル崩壊や、さらには経済危機が起こる可能性もある」との警戒感を示した。中国の不動産価格は下落に転じており、不動産バブル崩壊が広がれば、巨大な残高を有する理財商品のデフォルトが広がる可能性がある。中国においてサブプライム金融危機に類似した金融危機が発生するリスクになりうる。

中国株価は、２０１４年7月以降、２０００ポイントを離れて上昇に転じる気配を示しているが、中国経済の活動状況を示すＨＳＢＣの製造業ＰＭＩは２０１４年8月に50・２ポイントへと急反落してしまった。２０１４年7月には51・7ポイントの高水準を記録したのであるが、人民元の上昇などの環境もあり、再び下落した。

上海総合指数は製造業ＰＭＩと強い連動関係を有しており、中国経済の再悪化を記すＰＭＩの下落を踏まえると、中国株価が再び反落してしまうリスクは高い。ところが、今回は、10月初めまで株価の反落は観測されていない。中国政策当局の経済構造改善策に対する期待が広り始めている可能性もあり、今後の動向を注視するべきである。

中国株式市場には、この意味で下方リスクが存在するが、株価水準そのものは、中国企業の利益水準から判断して、高すぎる状況にはない。ＰＥＲは10倍を下回る水準で推移しており、中国経済の停滞持続の可能性は存在するが、株価暴落による金融市場の波乱拡大のリスクは限定的である。中国経済が中期的に成長を続けることは間違いのないことで、今後は投資再開のチャンスを窺うスタンスで中国市場を見るべきである。

中国の政治情勢は安定しているのか？

中国の習近平国家主席は、政治的基盤の強化に取り組んでいる。習近平を失脚させる謀略工作が存在していたと考えられ、習近平氏は薄熙来氏および周永康氏を排除した。両名は習近平体制を打倒する画策を示していたと疑われている。

中国社会の格差拡大に伴い、共産党幹部の汚職問題に対する中国国民の批判と監視が強まっている。中国の国内政治情勢を安定化させるために、習近平氏は共産党幹部の汚職撲滅の姿勢を鮮明に打ち出す必要がある。その流れの一環として薄熙来氏と周永康氏の排除が断行されたのであるが、これらの事変を通じて、習近平主席の政治基盤は緩やかながら強化されつつあるものと理解される。

第3章に記したように、中国政治最高執行部においては、太子党と呼ばれる高級官僚の子弟による派閥と、共産主義青年団という中国エリート層による派閥の2つの巨大勢力が存在する。習近平氏は、太子党閥に属する人物であるが、習近平氏が強い警戒を放ってきたのは、むしろこの太子党系列の人物に対するものであったのだと考えらえる。

中国政治において、依然として隠然たる影響力を有していると見られるのが江沢民元国家主席であるが、習近平氏としては、江沢民の影響力をいかに全面排除するかに腐心しているのだと推察される。

中国経済が金融危機に陥り、所得の少ない階層の不満が高まれば、政治的不安定性が増大する。金融市場の波乱拡大は富裕層においても巨額損失計上の原因となり、社会の不安定化要因の一つになる。この意味で2015年の中国経済は経済の下方リスクと共に政治不安定化のリスクを負っている。

香港では政治的自由を求める学生によるデモ活動が拡大しており、この問題への対処を誤れば、問題が中国本土に広がることも警戒される。習近平氏は政治的自由を段階的に拡大させる路線を採用すると考えられるが、香港問題への対応が、その政策遂行をソフトランディングさせることができるかどうかの試金石になる。

第3節　地政学リスクの拡大とBRICSの未来

世界の成長の主軸はいずれ欧米から新興国へ転換する

2013年末から2014年にかけて、ウクライナの政変が注目を集めた。ウクライナは、いわゆる東側陣営と西側陣営の境界線上に位置する重要国である。ウクライナ南部のクリミア半島は、旧ソ連邦にとって軍事上の要衝である。凍ることのない海洋こそ、ロシアの軍事戦略上の最重要の拠点になるのである。このウクライナで政変が発生し、親ロシア派の代表であるヤヌコビッチ大統領が国外逃亡した。

２０１４年７月には、ウクライナ上空を飛行中のマレーシア航空機が何者かによって撃墜され、新たな紛争の発火点になった。ロシアとウクライナ政府は、相互にマレーシア航空機を撃墜したのは敵陣営であるとの主張を展開したが、真相はまだ判明していない。

２０１４年６月には、冬季オリンピックが開催されたロシアのソチで、Ｇ８サミット会合が開催される予定になっていたが、西側陣営がサミットへの参加をボイコットし、ロシアはＧ８から追放された。米英が主導し、ロシアに対する経済制裁措置が決定され、ドイツや日本もこれに追従する形になった。

しかしながらドイツも日本も、ロシアと極めて重要な経済協力を構築する途上にあり、西欧諸国においては、ドイツの対ロシア制裁姿勢が弱いことが指摘されると共に、安倍政権の対ロシア経済制裁姿勢も腰の引けたものになっている。

安倍首相は、中国を敵視し、中国包囲網を形成する方針を掲げてきたが、完全なる空回りに終わっている。韓国は日本との協調関係構築を拒んでいる。安倍首相はインドに対する思い入れを強め、インドに対する巨大な経済支援を約束しているが、そのインド自身は、日本だけではなく、中国との友好関係も重視している。

安倍政権に、ロシアとの協力関係を強化し、日ロ友好関係をアピールすることによって、中国包囲網を形成しようとしたが、ウクライナ問題に対する日本の経済措置発動の影響もあり、ロシアは逆に中国に急接近する対応を示している。インドも日本よりはむしろ中国との関係強化を強めており、欧米と日本によって構成されているG7の枠組みに代わる、いわゆる新興経済発展国グループであるＢＲＩＣＳ諸国、すなわちブラジル、ロシア、インド、中国、南アフリカの再連携が再び強調され始めている。

これまでの世界経済を支配してきたのは日本を含む欧米＝ＩＭＦ・世銀体制であったが、これに対抗してＢＲＩＣＳ諸国は7月にブラジルで開いた首脳会議でＢＲＩＣＳ開発銀行と新しい外貨準備基金を創設する方針を決めた。ＢＲＩＣＳ版のＩＭＦ・世銀体制を構築しようというわけだ。

中期的に考えれば、世界の成長の主軸は、欧米からこの新興国に転換する。中国、インド、ブラジルの潜在力は極めて高く、ロシアは巨大な地下資源を有する大国である。日本の国家戦略としては、東京大学の安冨歩教授が指摘しているように、3つの点を留意する必要がある。

第1は経済成長の中軸が従来の製造業から非製造業に移行していることである。とりわけITに関連した産業分野が急速に広がりを示している。

第2に日本経済の最大の脅威は人口減少である。人口減少の主因は、弱肉強食推進政策にある。弱肉強食推進の新自由主義経済政策を推進しながら、少子化対策を講じることは根本的な矛盾を有している。西を目指しながら東に進めと言っているに等しい。

そして第3に世界経済の構図が大きく転換しようとしていることだ。世界経済の成長の中心が欧米からエマージング市場、新興国経済に明確に移行していく。

この大局観を正確に捉えることなしに日本の経済政策戦略が構築されているところに、根本的な欠陥がある。安倍政権が推進する成長戦略とは、単純な弱肉強食推進政策であり、それは米国を中心とするグローバル強欲資本の利益を増大させることだけを目的とするものである。

しかしながら、グローバル強欲資本の利益拡大を追求する政策の内容が、弱肉強食推進政策である以上、日本においては大多数の一般国民がより下流に押し流され、そのことが消費の構造的な停滞と、少子化の加速をもたらすことになる。その延長上に生じることは、日本経済の衰退、そして消滅なのである。

新興経済発展国の中核を担うのは中国であると見て間違いないだろう。2014年11月に中国の北京郊外でアジア太平洋経済協力会議（APEC）首脳会議が開催される。この開催に合わせて、中国は「アジアインフラ投資銀行（AIIB）」の創設を打ち出す準備を進めている。BRICS開発銀行ではなく、中国が名実ともにリードするアジアでの経済発展を支援する資金供給の国際拠点を創設しようという試みである。

中国は4兆ドルに近い、世界最大の外貨準備保有国であり、この外貨準備資金を活用して、中国を軸とする新世界秩序構築に踏み出す構えを示しているのである。

日本政府が、ただひたすら米国の命令に従うだけの、対米追従、対米隷属の経済外交政策を展開し続けることは、中期的に見て、日本経済および日本の主権者にとって最善の結果をもたらさない。視野狭窄《きょうさく》から離れて、世界情勢を俯瞰《ふかん》する、広い見地に立った国家戦略、経済外交戦略を構築することが求められている。

軍産複合体の利益のためにも紛争は続く

地政学リスクの増大は、ウクライナだけでなく中東地域においても観察されている。英・仏・ロのいわゆる列強は、第一次世界大戦中に、オスマン帝国＝中東の権益を半永久的に確保するために、列強の利害を守る目的で、中東の政治秩序、中東諸国の国境線確定を実行した。

列強の列強による列強のための中東の勢力分割であり、これを定めた秘密協定がサイクス・ピコ協定である。これらに米国を加えた国々が中東の石油を中心とするエネルギー資源に対する支配権を確立するために、中東支配の構造を構築してきた。

これに対して、欧米による中東支配を根本から払拭しようとするイスラム原理主義の台頭が広がっている。このイスラム原理主義運動がイスラム諸国間、あるいは諸国内に存在するイスラム教シーア派とスンニ派の対立と複雑に絡み合い、現在の中東情勢の混沌と混乱がもたらされている。

第3章に記したように、イラク北部に勃興したISIS＝イスラム国は、イスラム教・スンニ派を基軸とする勢力による運動であるが、この勢力を経済的に支援しているのは、サウジアラビアであると見られている。サウジアラビアは、スンニ派が主導権を持つ国家であるが、米国はイラクにおいてシーア派による支配体制を強化し、サウジアラビアとの関係を悪化させたのである。

ISIS＝イスラム国はイラク北部からシリア東部にかけて勢力を伸ばしているが、イラク南部の石油採掘地域を支配下に置くことになると、中東秩序が激変することになり、中東における欧米権益を死守しようとする米国が、懸命にイスラム国の台頭を阻止しようとしているのである。

しかしながら、イスラム国が豊富な資金力を基盤に保持していると見られるため、現在の中東諸国の秩序が破壊される脅威になり始めている。米国はイラク北部およびシリアにおける空爆を強行する姿勢を示しているが、米国による空爆拡大は、中東諸国において米国による中東侵略と受け止められる側面を有しており、イスラム原理主義勢力の反欧米活動を活発化させる可能性が高い。

WTI原油先物価格の推移（直近10年間）

出典：ロイタートムソン

他方で、米国の軍産複合体は、少し異なる視点から中東やウクライナでの紛争拡大を眺めていると考えられる。米国の軍産複合体は年商20兆円を超す世界最大の産業群である。この勢力は、いかなる状況にあっても、常に国際社会における軍事紛争を必要とする存在である。

この視点を加味すると、ウクライナや中東、パレスチナにおける軍事紛争は、今後も継続して維持され続ける可能性が高い。また、既述したように、米国、フランス、英国を軸とする原発推進勢力は、原発に対するアゲンストの風圧を緩和するために、原油価格が上昇する方向に策謀を巡らす可能性もある。

ＷＴＩ原油価格は、過去10年間の大きな

三角持ち合いから下放れする気配を示している（P225）。しかしながら原油価格の急落は、原発推進政策にとってアゲンストの風になる。したがって、原油価格が当面、チャートの節目を抜けて下落するとしても、そのまま一本調子に下落を続ける可能性は低いと考えられる。

第4節　米金利と金価格

金は底値を模索する

米国政府は1971年に金本位制を離脱した。金本位制のもとにおいて、米国政府は通貨と金の交換を保証しており、通貨発行量は米国政府の金保有量によって制約される状況に置かれていた。通貨の供給量は、金の保有絶対量によりコントロールされており、通貨価値は金地金によって担保されているから、通貨価値の下落、すなわち激しいインフレは生じないものと理解されていた。

しかしながら、1971年時点の現実においては、すでに通貨が過剰供給の状況に陥っており、事実上、金との交換は不可能な状況に陥っていたのである。

つまり、実質的にはすでに通貨価値の下落が生じていたのである。金との交換保証が不可能な状況に立ち至り、ついにニクソン大統領がドルと金の交換停止を発表した。これがニクソン・ショックであり、爾来、米国の通貨制度は金本位制から離脱し、管理通貨制度に移行した。

第3章に記したように、管理通貨制度の下においては、金価格変動は基本的に金融政策の方向に依存する。貨幣供給が過剰になる金融緩和強化の局面で、通貨価値が金に対して下落する。これが金価格の上昇である。逆に金融政策が引き締め方向に転換する場合には、通貨価値が金に対して上昇する。これが金価格の下落である。

２００８年から09年にかけてのサブプライム金融危機に連動し、バーナンキ議長が指揮するＦＲＢは「有事対応」の超金融緩和政策を実行した。この政策遂行を背景にして、投機資金が金市場に大量流入し、金価格が急騰したのである。金価格に一種のバブルが生成されたと表現してよいだろう。

このなかで２０１２年7月に10年国債利回りが１・38％で最低値を記録し、上昇トレンドに移行した。さらに２０１３年5月、バーナンキＦＲＢ議長が、量的金融緩和縮小の方針を示唆した。この方針表明を背景に２０１３年9月に10年国債利回りが３％の大台に到達した。その結果、金価格が急落した（Ｐ２２８）。

米国長期金利の推移（直近5年間）

米国10年国債利回り
2010/4/5
4.013
2013/9/2
3.007
2013/12/30
3.041
1.381
2012/7/23
2.303
2014/8/11
4.0
3.5
3.0
2.5
2.0
2.5
2010/1 2010/7 2011/1 2011/7 2012/1 2012/7 2013/1 2013/7 2014/1 2014/7

金価格の推移（直近5年間）

金価格
($/トロイオンス)
2011/9/5
1,920.30
2012/10/1
1,795.69
1,521.94
2011/12/26
2014/3/17
1,391.76
1,180.71
2013/6/24
1,800
1,600
1,400
1,200
1,000
2010/1 2010/7 2011/1 2011/7 2012/1 2012/7 2013/1 2013/7 2014/1 2014/7

しかしながら、２０１４年に入って、イエレンＦＲＢ議長が金融引き締め政策への移行を先送りするスタンスを表明し、金価格は横ばい推移を示している。

金価格は今後、米国金融政策が金融緩和縮小を経て、金利引き上げに移行する場合、もう一段の下落を示す余地を残している。

しかし、イエレンＦＲＢ議長が示唆するように、米国経済の成長能力自体が低下しており、経済全体のインフレ圧力の強まりが顕在化する状況ではないとの判断が正しいとすれば、ＦＲＢが金利引き上げ措置を取るとしても、その程度は極めて緩やかなものにとどまる可能性が高い。

したがって金価格については、米国金融政策の今後の引き締め政策への移行に伴い、さらに下落する局面があると考えられるものの、相場の大底は、それほど深いものにはならず、また、それほど遠い将来にもならない可能性が高いと見られる。２０１５年は金価格が底値を模索する局面に移行する可能性が高い。

第7章

最強・常勝5カ条の極意

高い投資パフォーマンスを得るための最強・常勝の極意

株式投資で成功する7ヵ条の極意

本シリーズ＝ＴＲＩレポートの２０１３年版、２０１４年版に、最強・常勝7ヵ条の極意の章を設けた。株式投資で成功を治めるための極意を7ヵ条の条文にまとめた。再度、その条文を紹介しておく。

（その1）「勝つとは即ち負けぬことなり」
（その2）「相場は生き物と知るべし」
（その3）「流れに逆らうな」
（その4）「理の法則に従え」
（その5）「一つの籠にすべての卵を入れるな」
（その6）「なくて七くせを掌握せよ」
（その7）「損切り千両、利食い千人力」

七ヵ条にまとめた。この鉄則は変わらない。その1の「勝つとはすなわち負けぬことなり」とは、株式投資を行う際、最も重要な鉄則として、大負けを防ぐことの重要性を説いた。同時に「初めの一歩」の大切さを説いた。

その2の「相場は生き物と知るべし」というのは、それぞれの個別の銘柄に株価変動の循環、リズムが存在することを指摘した。個別の銘柄への投資に際して重要なことは、投資のタイミングを適切に選択することである。「銘柄の選択」と「売買のタイミング」。この2つが嚙み合わなければ、高い投資パフォーマンスを得ることはできない。

その3の「流れに逆らうな」とは、株式市場全体の流れをどう読むかである。株価全般が上昇している局面では、株式投資は平均的に高いリターンをもたらす。逆に株価下落局面では株式投資は平均的に損失をもたらしてしまう。相場全体の流れを摑んだうえで投資行動を実行すること。当然のことであるが、この鉄則を守ることが重要である。

その4の「理の法則に従え」とは、株価の適正水準を常に念頭に置くことである。現実の株価が理論株価、適正水準と一致することは、むしろ少ない。株価は理論値に対し、割高であるか、割安であるかのいずれかである場合が多い。しかし割安な株価は理論値に近づこうとして上昇しやすく、割高な株価は逆に下落しやすい。常に適正株価と現実の株価の位置関係を、念頭に置いておく必要がある。

その5の「一つの籠にすべての卵を入れるな」とは、リスク分散を図ることの重要性である。全財産をリスクの高い投資対象に100％投資することは、まさにハイリスク・ハイリターンである。運良く表目にでれば高い成果を得られるが、裏目に出た場合には、取り返しのつかないことになる。すべての投資資金を、ただ1種類の資産に集中投資することは賢明でない。

その6の「なくて七くせを掌握せよ」は、株式投資の場合、個別企業＝銘柄を、いくつかのカテゴリーに分類することが可能になる。このカテゴリーごとに株価変動の特性がある。その特性を踏まえることにより、相場環境に応じた、適正な投資戦術構築が可能になる。

その7の「損切り千両、利食い千人力」は、その1の「勝つとはすなわち負けぬことなり」を実現するための最重要の極意である。この7つの極意を十分に理解し、常に頭の中に置いておくことが望ましい。しかしながらこの7つを常に完全掌握していくことが煩雑であるとの問題がある。

最強・常勝新・5ヵ条の極意

会員制レポートである月2回発行のTRIレポートでは、各号に、参考銘柄として3銘柄を掲載している。基本的には向こう3ヵ月以内に、5％以上の利食いのチャンスのある銘柄を考察する参考として掲載する銘柄である。

ただし、適正と考えられる投資タイミングは、文字通りケースバイケースであり、箇条書きのコメントに、投資タイミングについても言及するが、この投資タイミングの適切な選定こそ、高いパフォーマンスを獲得するための重要なカギになる。

レポートの読者からは、掲載された参考銘柄を活用して高い運用成績を上げることができたとのメッセージを数多く頂戴する。

しかし、そうした成功実例の報告を聞いてみると、共通する重要事項がある。それは本シリーズであるTRIレポートの年次版著書に記述してきた「最強・常勝7ヵ条の極意」を厳格に適用することによって成果を得られたという報告である。

先に述べたように株式投資の運用パフォーマンスを決する重要事項は、「銘柄」と「タイミング」である。いかに優良な銘柄を選定しても、「買い」と「売り」のタイミング選定を誤れば、優良な投資成果を得られない。

そして、「銘柄」を吟味し、「買い」のタイミングを適切に選定したとしても、100%の確率で成功するとは限らない。また、タイミングの選定を誤ることも、しばしば生じる。こうした現実の実情をも踏まえ、それでも、株式投資で大きな失敗を演じぬためには、どうしても、投資の極意の基本事項を遵守することが必要不可欠なのである。本書に記述する「最強・常勝

5ヵ条の極意」は高い投資パフォーマンスを得るために必須の条件である。

こうした事情を踏まえ、本年版のＴＲＩレポートにおいて、「最強・常勝の極意」を5ヵ条に再整理して提示することとした。容易に頭の中に整理して常備できるように、改良を施した。改訂版「最強・常勝5ヵ条の極意」は、必ずや読者の大いなる味方になることと確信する。

「最強・常勝5ヵ条の極意」とは、

第1条「損切り」
第2条「逆張り」
第3条「利食い」
第4条「潮流」
第5条「波動」

である。

この5ヵ条を常に頭の中心に常備し、この極意を遵守する。投資で成功を得る極意であると理解して、必ず守ることである。

株式投資の手法は千差万別である。いずれかの投資手法が絶対に最良ということはありえない。どのような結果を望むのかによっても、投資スタイルは大きく変わる。

投資関連情報で常に人気を集めるのは、いわゆる仕手系銘柄情報である。短期間で30％、50

%の株価急騰を獲得するための情報である。時には2倍、3倍の株価上昇を目指すのである。

現実に株式市場では、日々の株価変動を見ても、常に、大幅に変動する銘柄が存在する。そして、2～3ヵ月程度の短期で株価が2倍、3倍に跳ね上がることも、決して珍しくはない。

したがって、こうした値動きの荒い、いわゆる「大化け」株を発掘し、そこに投資資金を集中的に投下すれば、成功した場合には、まさに一攫千金の大利得を得ることができる。こうした仕手系銘柄の投資情報を求めるニーズは強い。

しかし冷静に考えてみるべきである。そのような情報を容易に入手できるのであれば、誰も苦労しない。株式投資で億万長者が続出することになる。歴史に名を残す相場師と呼ばれるような人は、大相場で財をなし、その財を基礎に歴史に名を刻んだ方であるが、そのような立志伝中の人物が大量に存在するわけがないのである。成功した事例の裏側に、表に出ぬ幾万もの失敗事例がある。

こうした、ハイリスク・ハイリターン型の投資が裏目に出れば、それこそ財産を失う。借入資金などでレバレッジをきかせて投資を行っていれば、財産を失うどころでは済まない。借金により、破滅の道を転落することすら発生しうるのである。

そうでなくても日本の株式市場は、1989年に3万8915円の高値をつけた後、25年間にわたり衰退の一途をたどってきているのである。

２００９年には、ついに日経平均株価は７０００円を割り込んだ。その後、反発したとはいえ1万６０００円。25年前のピークの４割の水準に過ぎない。平均的に株式投資は損失をもたらしてきたといって間違いない。この状況下で、一攫千金の３割、５割のリターン、２倍、３倍のリターンを求めること自体が無謀である。

こうした法外なリターンを求める人の大半は、その裏側で、過去の25年間に巨大損失を計上してきたのではないか。過去の大損を取り戻すために一攫千金を狙うのであるが、その行動がさらに傷を深くするのである。

本書が追求する基本スタンスは、預金金利を上回る、安定的な高利回りの確保である。年利回りで10%、高くて20%程度のリターンを追求するものである。成功しているヘッジファンドの中には、長期間高い運用成績を上げるものが存在するが、そのような定評のあるファンドでさえ、一歩誤れば巨額損失の危機に直面する。また、こうしたヘッジファンドは、レバレッジの効く投資手法、あるいは先物オプションなどを活用した投資手法を採用しており、通常の株式売買によるリターンを積み上げているだけではない。

本書が提示する新５ヵ条の極意を十分に理解し、その手法を例外なく適用することにより、本書が目指す、債券利回りを大幅に上回る、安定収益を確保することが、必ずや可能になると判断する。

第1条「損切り」

投資で失敗をしない最重要の極意は「負けぬこと」である。「勝つとは即ち負けぬこと」なのである。

「負けない」ために最重要の鉄則は「損切り」である。

株式投資の場合、「初めの一歩」が極めて重要である。最初に利を乗せれば、次の展開が極めて容易になる。初めに損失を抱え、それを膨らませてしまうと、修復が極めて困難になる。

したがって株式投資を行う場合には、「初めの一歩」でプラスにすることを執拗に追求する必要がある。それでも、「初めの一歩」でつまずくことは生じる。

その際に重要なことは、厳格な損切りルールを設定しておき、その損切りルールを確実に守ることである。

投資で失敗をしている人の例を見ると、ほぼ100%、この損切りルールの極意を守っていない。

自分の賭けた方向に執着してしまうのは、人情として避けがたいことである。最初の一歩でつまずき、傷口を広げれば、手じまいすることが極めて難しくなる。そして手じまいを先送りしている間に、傷がさらに深くなることが少なくないのである。

運良く損失が縮小したとしても、投資開始時点の価格に戻った時点で処分してしまうのが関の山である。

大きな損失を抱えてしまったために、投資開始時点の水準にまで価格が回復すれば、そこで「やれやれ売り」を出してしまう。ここで「やれやれ売り」を出さない投資家は、逆にその後、再び価格が反落し、結局は売却のタイミングを失ってしまうことも多い。

何よりも重要なことは、極めて厳しい損切りルールを設定しておき、その損切りラインを越えた時点で、確実に損切りを実行することである。

損切りのラインは1%ないし3%である。株価は日々の変動で1%程度の変化を常に発生しうるから、ほぼ日計り商いに近い売却になる。したがって多少のアローアンスを考慮しても3%、極大でも5%の損切りルールの設定をしておくべきである。

投資を開始し、設定した損切りラインを越えた損失が生まれた場合には、その時点で必ずその投資をいったん白紙に戻す。この損切りさえ確実に実行しておけば、大損失を免れる。

また、厳格な損切りルールの設定と、その厳格な遵守を義務づけておくことにより、より慎重できめ細かい「最初の一歩」の投資が実行されることになる。いい加減な、安易な第一歩の踏み出しが回避されるようになるのである。

損失が拡大し、その処理に困るという思いは、多くの投資家が経験していると考えられるが、あらかじめ極めて厳しい損切りルールを設定しておくことにより、その失敗を犯さずに済むことになる。

初めの一歩で失敗が続けば、1％の損切りルールの設定でさえ、財産は枯渇してしまうのではないかと考える人もいるかもしれない。

しかし1％の損切りルールを設定し、その運用を遵守し、かつ財産をなくすということになるなら、ほぼ全面的に、初めの一歩で失敗をしているということになる。

そのような投資家は基本的に株式投資に向いていないと考えるべきである。

しかし、ものは考えようで、そのコンスタントに負けるという特性を生かすということも考え得る。すなわち、自分の判断とは常に逆の行動をとることを決めればよいのだ。ひょっとすると非常に高い確率で勝利を得ることが生じるかもしれない。これを「逆転の発想」という。

最強・常勝5ヵ条の極意の第1条が、この「損切り」である。

第2条「逆張り」

「最強・常勝5ヵ条の極意」の第1条に「損切り」を置いた。その理由は「損切り」こそが、最重要の極意であるからだ。これを守り抜くこと。これが大負けしない極意になる。

しかし、投資の順序で言えば、本来の第1条は「逆張り」である。「逆張り」とは「買い」に関わる極意であるからだ。投資のパフォーマンスは「買い」から入り「売り」によって決定される。「損切り」と「利食い」は「売り」に関わる極意である。そして、第4条の「潮流」と第5条の「波動」は、「買い」と「売り」のタイミング選定に関わる極意である。

投資においては「最初の一歩」が極めて重要であることを力説した。その「最初の一歩」で失敗を最小にするための極意が「逆張り」なのである。

投資で成功する第一の秘訣は、「安く買う」ことである。「安く買う」ためには、相場の高い日には買わず、相場の安い日に買うことが必要である。

ところが、これを励行している人は、驚くほど少ない。

大多数の人が、高い日に買い、安い日に売っている。だから失敗するのである。

極意第2条を鉄則として守らねばならない。

買うタイミングは、必ず「安いとき」である。できれば、「一番安いとき」であることが望ましい。

逆に、売るタイミングは、必ず「高いとき」である。できれば「一番高いとき」であることが望ましい。

一般的に日本の投資家はこのタイミング選定が下手である。

バブルの活況の時代、日本の不動産企業は米国に殴り込みをかけた。ロックフェラービルや、ペブルビーチのゴルフ場などを買い漁った。売主はユダヤ系の米国不動産業者だった。冷静に見れば法外に高い価格で米国の業者が売り、法外に高い価格で日本の業者が買い取った。

バブルが崩壊して暴落価格になったとき、日本の業者は暴落した米国不動産を損切りした。暴落価格で米国不動産を買い戻したのが米国のユダヤ系不動産業者だった。

「高く買って安く売る日本の業者」と「高く売って安く買い戻したユダヤ系の米国業者」の組合せで、世の中はうまく回っているのである。

個人が投資で失敗しないためには、「安く買って高く売る」に徹しなければならない。しかし、多くの人が「高く買って安く売る」に陥りやすいことを知っておかねばならない。

問題は、どうやって「安い」か「高い」かを知るのかである。

その日が高いか安いかはすぐ分かる。前日比上昇は「高い」証しである一方、前日比下落は「安い」証しである。

それでも、「高い日」に買って、「安い日」に売る人が後を絶たない。初めの一歩から、大間違いなのである。

その日が高いか安いかは前日比を見ればすぐに分かる。しかし、第4条の「潮流」、第5条の「波動」における意味での「高い」か「安い」かは、瞬間的に判断がつかない。株価7日連騰と新聞記事が出れば「高い」と分かる。株価7日連続安と新聞記事が出れば「安い」と分かる。

それでも、この2つのケースでも、圧倒的に多数の人が、「高い日に買い」、「安い日に売る」のである。正しい行動の真逆が多数派の行動である。

「潮流」と「波動」での「高い日」と「安い日」を見分ける優れたツールが存在する。インターネットで株式売買を仲介する仲介業者は、投資家に素晴らしい分析ツールを提供している。かつては、ごく少数のプロフェッショナルが、法外に高い金額を支払って獲得していたITによる分析ツールが、ほぼ無料で提供されている。

この分析ツールのなかの、RSIとストキャスティックのチャートを利用するべきである。チャート分析においては、日足のチャートと週足のチャートがある。その両方を活用するべきだ。

短期の投資なら短期のチャートを使えばよい。中期の投資なら中期の週足チャートを用いればよい。できれば中期、短期を合わせて活用したい。RSIとストキャスティックを用いると、相場の「過熱」と「押し目」がよく分かる。

くどいようだが、鉄則は、「高い日には買わない、安い日に買う」、「安い日には売らない、高い日に売る」である。大多数の投資家がこの逆の行動で失敗している。

週足チャートと日足チャートで、両方が「陰の極」を示したら大きなチャンスである。通常、このような大きなチャンスでは、「売る人」が圧倒的多数になる。「売る人」が圧倒的多数になる局面こそ、最大のチャンスなのである。

「安い日」に買わないと、極意第1条の「損切り」ですぐに売らなければならない羽目に陥る。「安く買った」つもりでも、さらに下がることは少なくない。だから、目を皿にして、最安のタイミングを見つけるのだ。

人の行く　裏に道あり　花の山

である。

第3条「利食い」

株式投資の判断で、もう1つの難所が「利食い」である。

この問題は、選定した個別銘柄において、どの水準を目標株価とするかの判断に置き換えられる。また、株式市場全般の流れが上昇局面であるのか、下落局面であるのか。そして、その上昇局面が、大型の上昇局面であるのか、小型の上昇局面であるかによって変わってくる。

銘柄の特性が極めて優良で、しかも株式市場全般が、非常に大きな、大相場を期待し得る局面においては、30％程度の目標上昇率を設定することもあり得ないわけではない。

しかし、バブル崩壊後の25年間を見ても、本格株価上昇局面は、4、5年に一度、あるかどうかという程度にしか、実は発生していない。そのような、いわゆる大相場を期待し得る局面においては、高い目標リターンを設定するということはあり得る。

たとえば2012年11月から2013年5月にかけての相場局面では、高めの目標リターンを設定することを想定できた。

しかしながら、本書が追求する、債券利回りを大幅に上回る程度の、安定的なリターンを追求する場合には、利食いの目標ラインを抑制して設定しておくことが重要である。

また、株式市場全般は、4年から5年に一度発生する大相場の局面を除けば、基本的に下落基調にあったり、あるいは横ばい気味の推移であることが多いのである。こうした局面においては、ストキャスティック、あるいはRSIなどの指標を参考にして、短期的な株価ピークの局面で、いったん利食いを実行しておくことを検討しなければならない。

この場合、状況によって、3％ないし5％の株価上昇の場面で、いったん利食いを実行するという選択を検討するべきだ。同一銘柄を繰り返し売買する投資手法も存在する。この投資手法では、短期循環でのピークで売却し、短期循環のボトムで再び買い戻すことを繰り返すことを狙う。こうした手法を十分に検討しなければならない。

つまり、利食い目標の水準として、一般的に、3％、5％、そして10％の3段階を用意する。どの目標リターンを設定するのかはケースバイケースになるが、いずれにしても、目標リターンの水準を抑制的に設定し、その目標水準が実現したら、間違いなく利食いを実行することが重要になる。

「利食い千人力」を決して忘れてはならない。

いったん売却した後に株価が上昇することは少なくないが、一度売却した以上は、振り出しに戻らねばならない。

「稽古とは一より習ひ十をしり十よりかへるもとのその一」

は茶道の心得を記す利休百首の一つだが、ひとたび「利食い」を実行した以上は、もう一度、厳格な「最初の一歩」の重要性を認識する局面に戻らねばならないのである。

利食った銘柄が上昇すると、その銘柄を高値掴みしてしまうことが少なくない。高値掴みをしてしまうと、せっかく獲得した「利食い千人力」の虎の子の利益があっという間に消滅してしまう。「利食った」以上は、必ず「十よりかへるもとのその一」を確実に守らねばならない。

「利食い」で売却した銘柄が急騰してしまう局面では、文字通り「逃した魚は大きい」と歯ぎしりすることになるが、これはあくまでも結果論である。

細かな「利食い」を積み上げて、ある程度のリターンを確保すれば、目標リターンを高めに設定する余地が広がる。こうした、「段階を踏む」対応が重要である。

一般論として整理すれば、極めて抑制的な利食いラインを設定し、そのラインで確実に利食いを実行し、いったんその投資を完結させる、という手法を積み上げることが望ましい。

低めの利食いライン設定であっても、その利食いを積み重ねることによって、年利回りベースでは一定の高水準を確保することが可能になってくる。利食いせず、投資開始時点の株価水準に戻ってしまえば、リターンはゼロである。

投資開始時点の株価を下回れば、損切りルールに基づいて行動しなければならない。こうした、裏目に出るケースまで踏まえて考察すれば、抑制的な利食い水準を設定し、その利食い水準で、いったん必ず売却するということを積み重ねることが、極めて重要であると理解できる。

第４条「潮流」

ここで言う「潮流」とは、株式市場全体の流れの判断を指す。株式投資で成功をおさめるには、相場全体の流れを的確に読むことが必須である。

セクターや銘柄によって差があり、株式市場全体の動きとは逆行する傾向を持つ銘柄、あるいはセクターも存在しないわけではない。しかしながら平均的に見れば、個別企業の株価は、相場全体が上昇している局面で上昇しやすく、相場全体が下落している局面で下落しやすい。したがって投資で成果を上げるためには、相場全体の流れを読むことがなによりも重要である。この相場全体の流れを「潮流」と表現する。

また、為替変動が大きくなる局面では、その為替変動が業績にプラスに作用する産業と、その為替変動が業績にマイナスに作用する産業とが併存することになる。したがって選定した銘柄が属するセクターの相場環境を分析することも重要になる。

とはいえ、全般的な判断においては、株式市場全体がどの方向に向かっているのかが最も重要になる。

2014年の事例では、TRIレポートは日本株価の中短期波動を的確に予測することができた。この中短期波動を洞察することが、株式投資で成功を得る重要な極意になる。

また、個別企業への投資ではなく、日経平均株価の変動そのものを投資対象とする投資家も存在する。その際には、まさにこの平均株価の中短期波動を読むことが投資パフォーマンスを直接左右することになる。

株式市場全般の動きを規定するのは、国内のマクロ経済の動向、国内の経済政策、海外の経済および経済政策、為替レート変動、さらに海外の株式市場および原油価格、金価格等のコモディティの動き。さらに様々な地政学上のリスクなどである。

会員制のＴＲＩレポート＝「金利・為替・株価特報」の最大の眼目は、中短期の潮流を読むことにある。中短期とは1ヵ月から6ヵ月程度の期間を指す。

毎号掲載する3銘柄と中短期波動の予測を、車輪の両輪として活用していただくことを念頭に置いている。

銘柄の選定において、ＴＲＩレポートでは、3ヵ月以内に5％以上のリターンでの「利食い」実現を期待できる銘柄を提示している。

極意第4条の「潮流」とは、株価全体の流れを正確に読み抜くことが焦点であるという意味である。「潮流」を正確に読み、優良な「銘柄」を選定する。その上で、適正な「買い」と「売り」のタイミングを選定する。「買い」が極意第2条の「逆張り」、「売り」が極意第1条の「損切り」と極意第3条「利食い」に該当する。これらが適切に組み合わされて、優良なパフォーマンスが獲得されるのである。

第5条「波動」

個別の銘柄への投資を考える際には、株式市場全体の「潮流」をつかむことに加えて、その個別銘柄の循環変動を読むことが必要になる。個別企業の循環変動は、その企業が属するカテゴリーによって変わってくる。また企業の特性において、株価が長期右肩上がり、あるいは長期右肩下がりの波動を描くこともある。長期間増収増益を続け、株価が乱高下しない銘柄の場合は、ゆるやかな右肩上がりの株価変動が形成されることがある。また、株式市場全体と逆行する動きを示すことが多い銘柄も存在する。

為替レートの円高、円安に、それぞれ、プラス、マイナスの作用が生じるセクターがある。金利の上昇・下落に対しても、それぞれ、プラス、マイナスの作用が表出するセクターがある。他方、経済要因とは無関係に乱高下を繰り返す、いわゆる仕手系銘柄というグループも存在する。これらの特性を、7ヵ条の極意では、その6の「なくて七くせを掌握せよ」で総括して表記した。

優良な投資パフォーマンスを確保するには、こうした、個別企業、あるいはセクター＝カテゴリーの株価変動の特性を把握し、投資のタイミングを選定することが重要になる。

初めの一歩でつまずかない。そして初めの一歩でプラスを生み出すための手法は、必ず「陰の極」で投資を開始することである。これが極意第2条「逆張り」の教えである。

「陰の極」を判定する優れた指標として、RSIやストキャスティックといった投資判断指標が存在することも紹介した。短期の波動で、このタイミングを分析することも可能であるし、中短期の波動で、このタイミングを判定することも可能である。

波動が示す「陰の極」と「陽の極」を活用することにより、「安く買って」「高く売る」ことが成功しやすくなる。その際に、短期の波動で利食いを断行するのか、中期の波動でのピークまで我慢するのかは、ケースバイケースで判定することになる。

極意第3条「利食い」で強調したように、利益がある程度積み上がるまでは、小幅な利益でも、確実に「利食い」を入れることが肝要だ。「利食い千人力」の重要性を踏まえるべきである。

「最強・常勝5ヵ条の極意」を整理すると次のようになる。

第1条は、損切りルールを厳格に適用すること。

第2条は、「逆張り」を基本に置くこと。陰の極で第一歩を踏み出すことを忘れない。

第3条は、「利食い」が利益確定の核心になること。低い目標リターンを設定して、利食えるチャンスで、確実に利食う。

第4条は、株式市場全体の「潮流」を見極めること。

第5条は、個別銘柄の「波動」を読むことである。「波動」を読むために威力を発揮するのがRSIとストキャスティックなどの分析ツールである。

この5ヵ条の極意の遵守によりパフォーマンスが様変わりすることを念じる。

第8章

2015年の投資戦略

第1節　大局のシナリオ

消費税大増税の激烈台風が日本経済を破壊する

２０１５年の日本経済および金融市場を展望する際、最大の焦点になるのは、消費税増税問題である。この取り扱いによって、経済金融のシナリオは根本から異なるものになると考えられる。すでに記したように、３つのシナリオが考えられる。第１のシナリオは、12月に安倍政権が２０１５年10月に消費税率を10％に引き上げる方針を決定し、２０１５年半ばに解散・総選挙に打って出るシナリオである。現在の市場における見通しの中心に、このシナリオが置かれている。９月３日に構築された第二次安倍改造内閣の陣容は、常識的に判断すれば、消費税増税シフトを敷いたものと受け取ることができる。この確率を45％と見ている。

第２のシナリオは、12月に安倍政権が２０１５年10月の消費税増税を先送りする判断を下すケースである。増税実施時期は２０１７年４月に１年半先送りされることになると考える。このケースでも衆議院の解散・総選挙実施は、２０１５年半ばになると考えられる。

日経平均株価の推移（直近3年間）

消費税増税を先送りし、日本経済の改善誘導を優先する。この政策転換により、株価の上昇持続を期待することができる。株価上昇と経済状況の改善を背景に、2015年半ばに解散・総選挙を打つ。いずれも2015年9月に任期満了を迎える安倍晋三氏が自民党総裁職を続投するための方策である。

この確率を、第1のシナリオと同じく45％と見る。一般的な見方よりは増税先送りを決定する確率を高く想定している。消費税を増税して持ちこたえた政権はない。まして2度の増税を1つの内閣で実施することは、これまでの経験則ではありえない選択である。

安倍晋三氏が最優先目標に掲げることは、長期政権の実現である。その視点からすれば、財務省の意向を排して消費税増税を先送りする選択を示すことは、十分に考えられるのである。

第3のシナリオはサプライズシナリオであり、年内に解散・総選挙を実施するケースである。この実行のためには、支持率を浮上させるサプライズが必要となる。北朝鮮から拉致被害者が帰国すること。ロシアのプーチン大統領が訪日し、北方領土問題で大きな進展を実現すること。この双方、あるいはそのいずれか1つが必要不可欠の条件となる。

年内に解散・総選挙を行うメリットは、その後に控える5つの重大問題への対処を飛躍的に容易にする点にある。原発再稼働、憲法解釈変更、TPP参加、消費税再増税、そして辺野古米軍基地建設推進の5つである。

これらの問題を強行突破して行けば、政権に対する支持が著しく低下することは免れないだろう。これらの問題を強行突破して解散・総選挙に進むよりは、先に解散・総選挙を済ませてしまい、衆議院総選挙が当分は実行されない状況下で難題を処理することが、政権運営にとってははるかに容易＝安易な選択となる。この確率を10％と見る。

年内に解散・総選挙を実施する場合には、消費税再増税は予定通り決定されることになると考えられる。解散・総選挙を前倒しするのは、消費税再増税を実行するための戦略でもある。こう考えると、全体を100とし、消費税増税が実行される確率が55％、増税が先送りされる確率が45％ということになり、全体としての見通しの中心には、わずかの差で消費税再増税決

東証1部上場企業経常利益

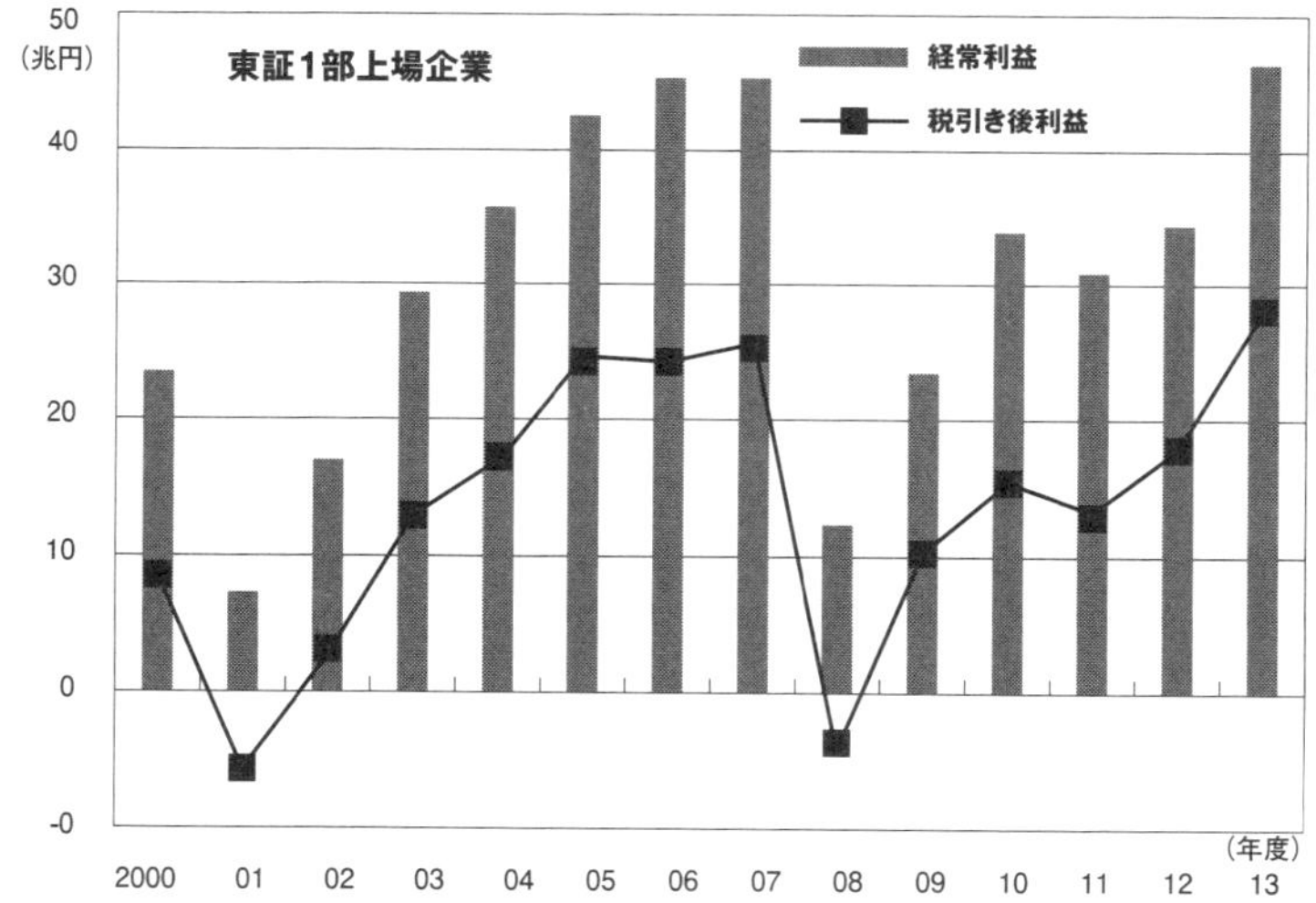

出典：DIAMアセットマネジメント

定が置かれることになる。

しかしながら、この場合、日本経済の先行きに対する、極めて深刻で強い警戒感が広がることになるだろう。株式市場は、先行きの日本経済の変化を先取りして変動するものである。

2015年3月期の予想企業利益水準を基準とすれば、現在の日本の長期金利水準の下では、日経平均株価が2万4500円程度に上昇してもおかしくないことを述べてきたが、日本経済が下方屈折し、企業収益が大幅に減少する場合には、適正株価も大きく下落することになる。

適正株価算出の公式に従えば、企業の利益が3割減少すれば、適正株価も3割低い水準になる。2万4500円が適正株価であるとの前提が崩れ、1万7000円が適正株価となってしまう。日本経済の悪化が持続するとの見通しが広がれば、適正株価はさらに下振れすることになる。実際、不況に突入すると企業収益は激減することが少なくない（P257）。

現在の環境下で株価が堅調に推移するとしても、安倍政権が消費税再増税を決定する場合には、株価が反落に転じることになるだろう。2015年の日本経済は大増税激烈台風の上陸で文字通り崩落の道をたどることになる。

2014年10月に入り、日経平均株価が急反落したのは、為替市場で円安から円高への変化が生じたこと、ニューヨーク株価が反落したことが要因として指摘されるが、もうひとつの重大背景を見落とせない。

9月29日の夜に、テレビ番組で麻生太郎氏が消費税増税に積極的な発言を示したことが強く影響していると考えられる。麻生氏は、「（予定通り）しないと、話が違うと国際社会から言われかねない」、「国際社会から話が違うと言われたとき、日本国債が売り浴びせられると、その対応は難しい。黒田日銀総裁も言っていたが、私たちが最も恐れるところだ」と発言した。

これに加担しているのが黒田東彦日銀総裁。日本銀行は金融緩和政策をさらに強化し、日本経済について強気の見通しを表明すると共に、消費税増税を実行するべきとの見解を示している。

また、日銀は意図的に円安誘導を進行させているが、この円安が日本のインフレ率をさらに上昇させ、結果として日本の長期金利を上昇させる働きを持つ点に留意が必要である。

消費税再増税を先送りしても財政再建は可能

安倍政権が消費税再増税を先送りする決定を下せば、日本の長期金利が暴騰して、大混乱が引き起こされる、株価も暴落する、との「風説」が流布されている。

金利上昇＝国債暴落説に信憑性を付与するために、意図的に日本の長期金利上昇誘導の環境を整えているのだとすれば、邪道の中の邪道である。

政府が消費税再増税を先送りすることが原因となり、日本の長期金利が急騰するリスクは存在しない。日本経済を安定成長軌道に誘導することは、日本の国税収入を順調に増大させる政策でもあり、この道筋を進むことが、財政再建に向かう正道＝王道である。

財政構造改革の適正な道筋＝正道＝王道とは、まず経済を回復軌道に誘導し、税の自然増を実現すること。これと並行して、財政支出の無駄を根源から取り除くこと。この2つの作業をやり終えたあかつきに、国民負担の適正な増加策を検討することである。

安倍政権が現在推進している政策は、大資本を優遇し、一般労働者を冷遇し、日本国民の生活の疲弊をもたらすものである。

人々は将来不安を強め、子どもを生み、育てるという意欲を失うことになる。人口減少社会は、文字通りの衰退の道である。その延長上に日本経済の健全な発展はありえない。

日本経済の安定的な成長を誘導するためには、最低保障生活水準を大幅に引き上げる措置が必要である。安倍政権が進めている「弱肉強食」推進を「弱食強肉」推進に転換するのだ。

イエレンＦＲＢ議長の舵取り

２０１５年の経済金融市場を展望する際、第２の最重要変動要因になるのが、米国経済の動きおよび米国金融政策の変化である。

米国の完全失業率は、２０１４年前半に金融引き締め措置着手の目安とされた６・５％を下回ったが、イエレン氏は金融引き締め措置実施に極めて慎重であり、金利引き上げ措置実施の条件を変更した。筆者はイエレン氏が金融引き締めに慎重な理由として２つの仮説を提示した。

第１は金利上昇が不動産市況を下落させて、サブプライム危機以降、水面下に隠れてきた潜在的な債権デフォルトリスクを顕在化させる恐れがあることだ。

第２は、ＦＲＢのバランスシート膨張により、長期金利上昇と不動産価格下落がＦＲＢの信認が揺るがすことである。

この意味で、2015年の米国金融市場に金融波乱再発生のリスクが残存することを忘れてはならない。

ドルが下落に転じれば日本株急落も

2015年に想定される、米国経済金融市場の基本変動=メインシナリオは、緩やかな景気回復基調持続のなかで、FRBがいよいよ金利引き上げ措置実施に移行していくというものである。その変化は極めて緩やかに慎重に実行されると考えられるが、その過程で米国長期金利が再び3%を超す水準に上昇して、その政策変化、金利上昇が米国株価に調整圧力を与えると想定する。

ニューヨークダウは、2009年3月から5年半にわたり、長期上昇波動を形成してきた（P262）。この5年半の株価上昇過程で中規模調整が発生したのは2011年の一度だけである。この規模の調整が2015年に発生する可能性が高いと見る。

注意が必要なのは、想定される株価調整の予想が広がりを持ち始める段階で、調整実現が前倒しになることだ。過去の株価大幅調整は9月、10月に始動していることが多い。この意味で、

NYダウの推移（直近10年間）

２０１４年10月以降の金融市場動向から目を離せない。

米国の金融引き締め措置実施に伴う米国長期金利上昇が、米国株価を、２割程度下落させる事態が顕在化すれば、今度は、その変化が米国金利を反転下落させ、ドルが反落する可能性が生じる。日本株価は米国株価下落と日本円上昇の両面から下方圧力を受けることになる。

逆に、米国経済指標の悪化が持続して、米国金利が低下、金融引き締め観測が後退する場合には、米金利低下＝ドル下落＝円上昇＝日米株価下落が表面化する可能性が生じる。

こうした状況が発生するなかで、年内に安倍政権が２０１５年10月の消費税再増税を決定すれば、日本の株価下落がより大幅なものになるリスクが発生する。

限界に近づく円安誘導政策

欧州ではＥＣＢが積極的な金融緩和姿勢を示し、２０１４年9月4日に政策金利を０・05%に引き下げた。日本がデフレ進行下で金融緩和政策を強化して円安を誘導した事例を踏まえ、欧州も自地域通貨下落政策を採用していると考えることができる。この政策変化を映して、ユーロが下落基調をたどっている。

この延長上に、ユーロ圏諸国の経済状況改善と、通貨底入れが展望される。２０１５年中に、この変化が顕在化してくると考えられる。

日本銀行による金融緩和政策の強化は、日米欧の置かれた状況から判断して、容認され続ける可能性が低い。日本の金融緩和政策強化と日本円の下落誘導政策は限界に近づきつつある。

為替市場では、日本円が当面の円安傾向を持続したのちに、急激な円高に回帰する可能性がある。

円建て資産を売却してドル建て資産に投資した投資家は、ドル反落の兆候を確認すれば一斉にドル売り・円買いに転じるからだ。

こうした、米ドルおよび日本円の局面転換を契機に、ユーロが底入れを模索する動きに切り替わる可能性が高い。

第2節　波乱の予兆

ＢＲＩＣＳ開発銀行とアジアインフラ投資銀行の設立

中国経済の調整が長期化し、ＢＲＩＣＳという言葉の響きに翳りが感じられるようになって長い時間が経過する。新興国市場は米国の金融政策に極めて過敏に反応する。米国が量的金融緩和を強める局面では、米国が供給する流動性が世界市場に流出し、いわゆるエマージングマーケット、新興国の株式市場等が活況を呈した。

しかしながら、米国が量的金融緩和政策を縮小し、金融引き締めに移行するとの見通しが広がれば、資金の逆流が生じやすくなる。新興国市場から資本が国外逃避＝キャピタルフライトし、その影響で新興国市場では、株式市場を中心に大きな調整を迫られることになる。

新興国からの資金流出は、新興国における金利上昇をも引き起こす。この金利上昇が経済活動に打撃を与えるのである。

中国経済においては、２０１２年以降、経済底入れのチャンスを何度も窺いながら、２０１２年、13年、14年と3年連続で底入れ実現を果たせずに現在に至っている。このなかで中国の習近平体制は、中国経済の底入れ実現の必要性に迫られている。

同時に、中国の最高指導部は、中国経済の構造改革の必要性を強調し始めている。この目的を達成するために、習近平体制は成長率目標を無理に高めに設定することを避けて、やや低めの成長率目標を設定し、金融政策をも活用して、その着実な実現を図るという、現実的な対応を示し始めていると見られる。

中国人民銀行は、こうした政治経済情勢を踏まえて、金融市場への資金供給拡大に着手し始めた。金利引き下げ等の金融緩和措置はまだ実行されていないが、２０１５年にかけて中国経済を底入れさせるための政策対応が追加的に示される可能性が高まりつつあると見られる。

中国経済の動向と密接な関連を示してきた上海総合株価指数は、２０１４年後半に入り、緩やかな底離れの気配を示している。ＨＳＢＣ製造業ＰＭＩが反落したにもかかわらず、上海総合指数は10月初の段階で反落していない。

中長期では、世界の成長の中心が、日本を含む欧米から新興国に移行していくことになる。ＢＲＩＣＳだけではなく、東南アジア諸国の成長持続が見込まれる。

世界経済はＧ７とＩＭＦ・世界銀行体制によって支配されてきたが、ＢＲＩＣＳ諸国がこれらに対抗する国際的な金融・外貨融通の枠組みとして、ＢＲＩＣＳ開発銀行やＡＩＩＢ（アジアインフラ投資銀行）を創設する意向を示していることを見落とせない。「日が沈む国」と「日が昇る国」とが中期的なタイムスパンで切り替わって行く。日本はＩＴの進展、高齢化、新興国台頭の３つを明確に認識したうえで今後の戦略を構築しなければならない。

もっとも重要な経済政策対応は、日本の経済政策の基本を「弱肉強食」推進から「弱食強肉」推進に切り換えることだ。国民生活の最低レベルを大幅に引き上げることが、人口成長を実現し、経済の活力を高める施策である。

米国の金融引き締めとユーロ圏の金融緩和政策

安倍政権が日本経済を崩落させる経済政策を早期に排除する一方、米国経済が緩やかな景気回復基調を維持しつつ、金融引き締め政策への移行が慎重に抑制されるならば、２０１４年末にかけて、日本の金融市場において株価上昇が維持され、経済状況の緩やかな改善が進行することを期待し得ることになる。

しかしながら、米国金融政策の引き締め転換がもたらす米国の中規模株価調整発生の見通しが共有されると、その調整が前倒しされる可能性がある。この意味で、10月初旬に観察されている内外株式市場の調整と為替市場の基調転換の兆候を軽視できない。

また、米国金融市場をめぐる基本観測は、月次で発表される統計数値によって、突然、ガラリと転換してしまうことがある。とりわけ、月初に発表され雇用統計の影響力は大きい。雇用統計に示される失業率、雇用者増加数、さらに時間あたり賃金変化率などの数値が、金融市場の大きな撹乱要因になることに対する警戒は、終始怠れない。

したがって米国金融政策の引き締め観測が、いつどの時点で急激に広がるかについて断定的なことを示すことはできない。２０１４年10月、すでに前倒し観測が浮上し始めている可能性を一概に否定できないのである。

ユーロ圏は金融緩和政策を強化する過程にあり、ユーロの対米ドルでの緩やかな下落基調が持続する可能性が高い。日本では円安傾向の下で、株価反発傾向が維持される可能性があるが、米国株価中規模調整が前倒しされる場合は、日本株価の連動調整を想定する必要が生じる。

金融波乱への備え

米国で株価調整が発生する場合、日本市場も強い影響を受ける。米国の長期金利は米国株価下落に伴い、反落する可能性が高い。米ドルは、上昇後の反落を演じる可能性が高く、これが為替市場での急激な日本円巻き戻しをもたらす契機になる。この場合には、日本でも、株価の中規模調整が発生しやすくなる。

こうした為替調整、株価調整と、日本の消費税再増税決定が重なるのが最悪のシナリオだ。この場合、日本の株価調整が深刻化するリスクが高まる。

２０１５年10月の消費税再増税問題についての筆者の主観的確率分布は、増税実施決定が55％、増税先送りが45％である。45％シナリオの実現を期待する。

米国金融市場においては、サブプライム金融危機の後遺症としての金融不安リスクが残存しており、他方、急膨張したＦＲＢのバランスシートの劣化が、ＦＲＢに対する信認を揺るがす事態を全否定できない。

中国においては、習近平国家主席が中国経済を底入れさせるための政策手段を強化する可能性が高く、中国経済底入れの可能性を念頭に入れておくべきである。しかし、理財商品のデフォルトリスク、不動産バブルの崩壊などの重要な経済問題が残存しており、中国経済金融市場に対しても、両にらみの対応が必要になっている。

他方、米国の軍産複合体は、世界各地における地政学リスクを高める方向に行動するインセンティブを有しており、ウクライナ、イラク、シリア、そしてパレスチナ、イスラエルの紛争が長期化する可能性が高い。

２０１５年の経済金融変動を読み抜くポイントについて考察してきた。この考察を基本に据え、これから生じる変化に対応してゆかねばならない。目先のチャンスと調整、そして再度のチャンスを的確に捉えてゆかねばならない。

ＴＲＩレポート＝「金利・為替・株価特報」が、随時、最新の見通しを提示していくことになる。

会員制レポート『金利・為替・株価特報』掲載参考銘柄の掲載後3ヵ月内の株価上昇率一覧

掲載号	銘柄コード	銘柄	掲載時株価		3カ月内高値	高値日付	上昇率
2014/2/12	8227	しまむら	8,500	＊	10,480	2014/5/19	23.3
	8410	セブン銀行	377	＊	409	2014/4/21	8.5
	9201	JAL	2,483	＊	2,660	2014/5/22	7.2
2014/2/24	2371	カカクコム	1,650	＊	1,916	2014/3/12	16.1
	8227	しまむら	9,030	＊	1,048	2014/5/19	16.1
	8253	クレセゾン	2,247	＊	2,400	2014/4/21	6.8
2014/3/17	4755	楽天	1,365	＊	1,455	2014/4/3	6.6
	7532	ドンキホーテ	5,510	＊	6,120	2014/5/29	11.1
	8253	クレセゾン	2,196		2,400	2014/4/21	9.3
2014/3/31	7532	ドンキホーテ	5,210	＊	6,120	2014/5/29	17.5
	8227	しまむら	8,830	＊	10,600	2014/6/12	20.0
	9201	JAL	2,403		2,805	2014/6/30	16.8
2014/4/14	1812	鹿島	377		493	2014/7/30	30.8
	5002	昭和シェル	900		1,225	2014/6/17	36.1
	6301	コマツ	2,153	＊	2,407	2014/7/30	11.8
2014/4/28	1812	鹿島	394		493	2014/7/30	25.1
	5002	昭和シェル	1,021		1,225	2014/6/17	20.0
	8316	三井住友	4,024	＊	4,480	2014/6/20	11.3
2014/5/12	5411	JFE	1,866	＊	2,242	2014/7/31	20.2
	7013	IHI	406		491	2014/8/4	20.9
	8316	三井住友	4,086		4,480	2014/6/20	9.6
2014/5/26	5411	JFE	1,891		2,242	2014/7/31	18.6
	8316	三井住友	3,905		4,480	2014/6/20	14.7
	8802	三菱地所	2,404		2,608	2014/6/3	8.5
2014/6/16	1926	ライト工	725		1,061	2014/9/29	46.3
	1928	積水ハウス	1,344		1,439	2014/7/2	7.1
	4543	テルモ	2,159		2,688	2014/10/1	24.5
2014/6/30	1926	ライト工	736		1,061	2014/9/29	44.2
	4543	テルモ	2,275		2,688	2014/10/1	18.2
	4755	楽天	1,309		1,405	2014/7/7	7.3
2014/7/14	5411	JFE	2,084		2,242	2014/7/31	7.6
	7203	トヨタ自	6,003		6,559	2014/10/1	9.3
	8316	三井住友	4,152		4,567	2014/10/1	10.0
2014/7/28	5411	JFE	2,104		2,242	2014/7/31	6.6
	6301	コマツ	2,316		2,579	2014/9/22	11.4
	8316	三井住友	4,078		4,576	2014/10/1	12.0
2014/8/11	2450	一休	1,343		1,548	2014/8/15	15.3
	6301	コマツ	2,297		2,579	2014/9/22	12.3
	9201	JAL	2,740		3,065	2014/9/30	11.9
2014/8/25	4755	楽天	1,367		1,380	2014/9/4	1.0
	8316	三井住友	4,198		4,567	2014/10/1	8.8
	9301	三菱倉	1,557		1,645	2014/9/3	5.7

注）＊は押し目を待っての投資を提唱した銘柄

注目すべき株式銘柄

消費税増税先送り待ち

■1928 積水ハウス

現在 1,267.0円 (2014/10/10)

消費税増税で当然の下方圧力を受けるが、増税前の駆け込み需要で戸建て事業は好調を維持。連続最高益で連続増配。株価は年初来下落基調をたどっているがPER等の指標には割安感。増税先送り有ればビッグサプライズに。

■2651 ローソン

現在 7,310円 (2014/10/10)

消費税増税で消費が全般的に低調だが連続増配継続中。西日本店舗多く、夏季の天候不順で株価に調整圧力。消費税増税の影響出尽くしを見極める局面。消費税増税が先送りされれば影響は大。当面の押し目を見極めたい。

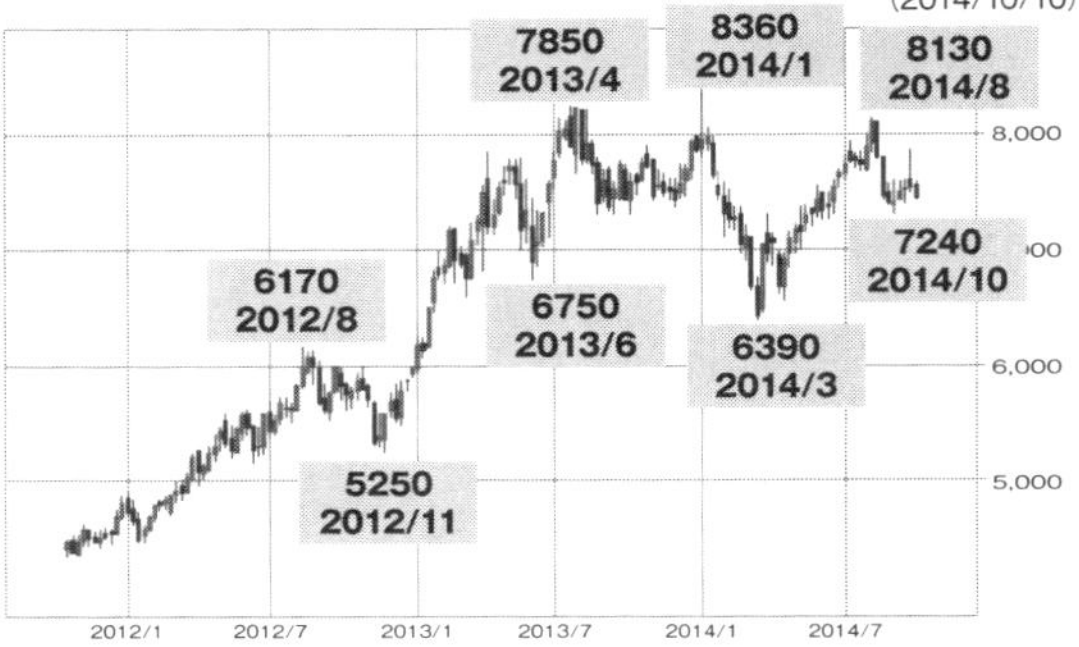

■3382 7&iHD

現在 4,058.0円 (2014/10/10)

消費税増税で消費が全般的に低調だが最高益を更新。コンビニが好調を維持し、金融部門も伸長。個人消費の底入れを模索して株価は調整中だが、消費税増税先送りが決定されれば反発力は大きい。押し目を探索したい。

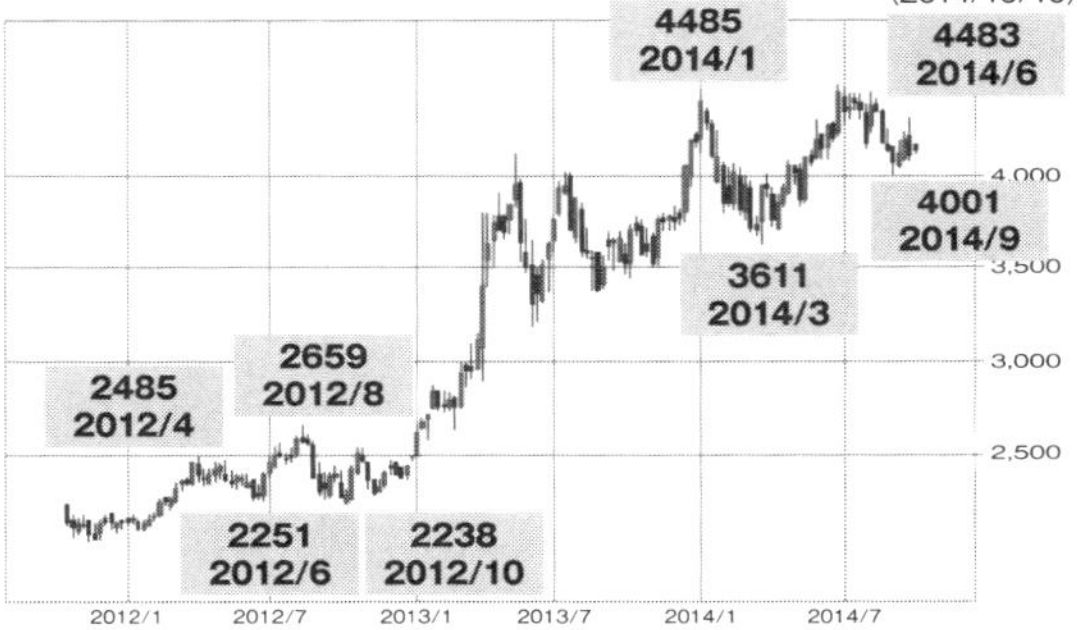

■5002 昭和シェル

現在 1,000円
(2014/10/10)

燃料油は需給改善で粗利率が改善するも、化成品の利幅が縮小。太陽電池も単価下落で収益の伸び悩みが強まる。株価は原油価格の下落傾向もあり夏場以降の調整局面にある。原油価格反騰に連動する傾向があり押し目を狙う。

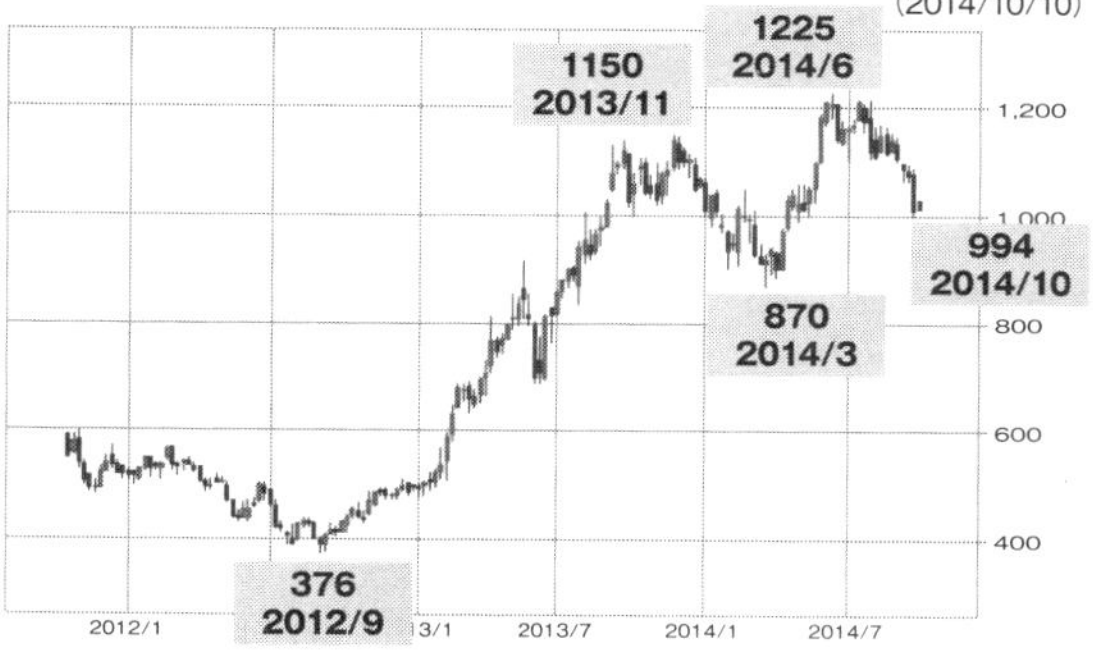

■7532 ドンキホーテHD

現在 6,100円
(2014/10/10)

2014/9/16号掲載直後に急伸。消費税増税の影響で消費全体低調のなかで廉価販売戦略が奏功。最高益を更新している。PB拡大で粗利率低下に対応。株価トレンドは上向きに転じているが中短期循環あり、安値局面を狙う。

■9843 ニトリHD

現在 6,680円
(2014/10/10)

本書2014年版で取り上げた銘柄で期待通りの株価急騰を演じた。株式分割で現株価の2倍が旧株価。消費税増税の影響あるもコストパフォーマンスの良好さで回復早い。円安下でも営業増益実現。株価急伸中で押し目狙い。

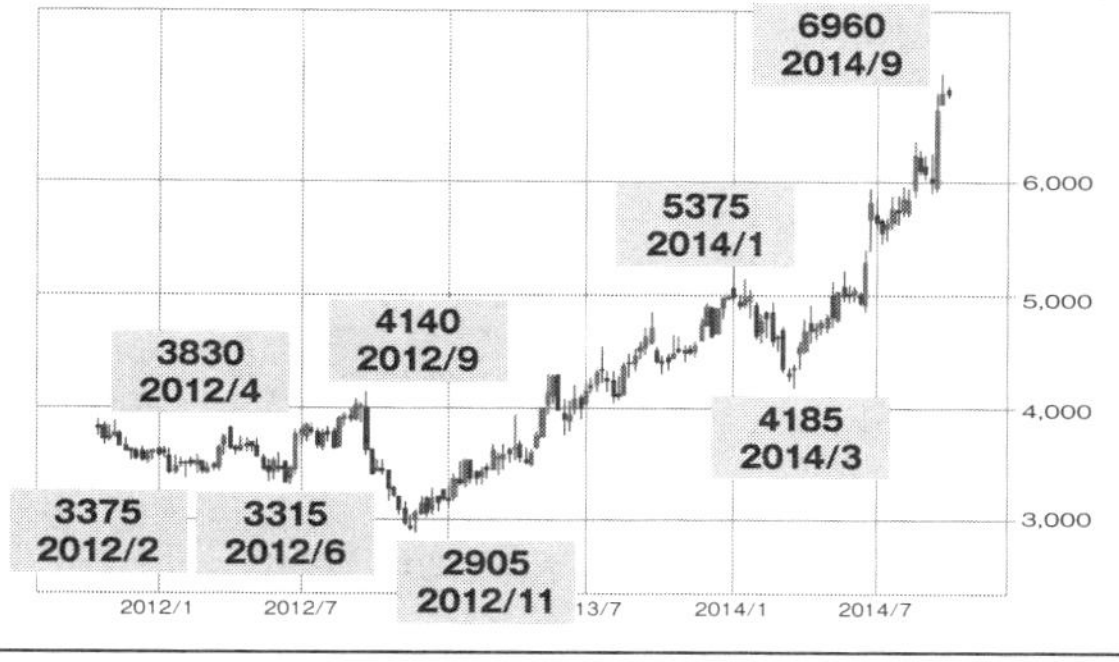

■9983 ファーストリテ

現在 37,890円 (2014/10/10)

消費税増税で消費が全般的に低調だが最高益を更新で連続増益。人件費高騰が収益圧迫も第3四半期は粗利率大幅改善。海外展開が好調を維持しており、押し目買い継続で対処したい。消費税増税先送りは当然好材料。

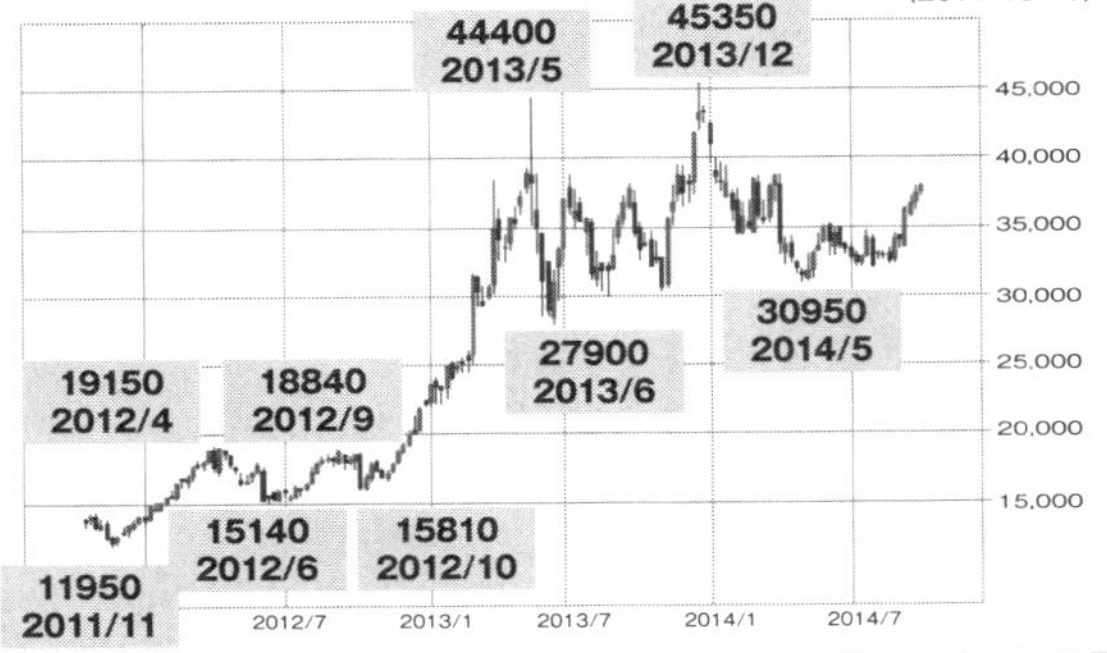

■8316 三井住友

現在 4,120.0円 (2014/10/10)

国内金利の低位推移が持続して金融機関の利ザヤ縮小が悪材料視されている。年初来の日本の長期金利低下に連動して株価が下落傾向を示したが、底入れの気配を強めている。外国人投資家動向も影響。下値不安縮小で好機。

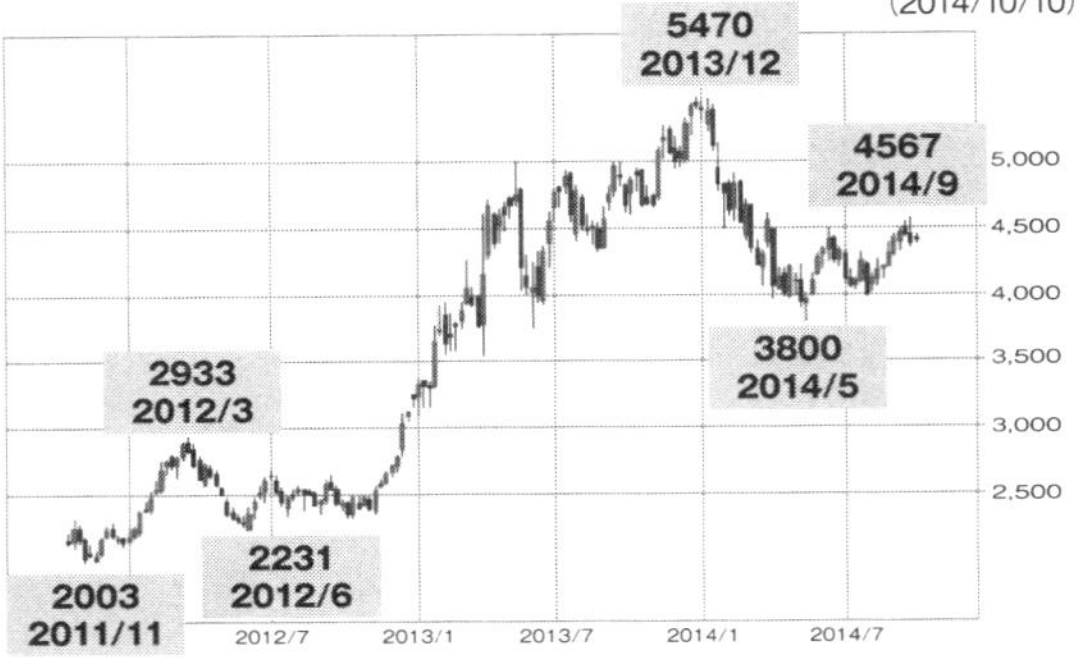

■8591 オリックス

現在 1,390.0円 (2014/10/10)

リース、不動産、銀行などの総合金融グループを形成。再生エネルギー分野にも投資を拡大。積極投資姿勢を外国人投資家が評価。大京の優先株転換などの要因での利益上振れの反動あるが、押し目買いチャンス接近中。

■4063 信越化学

現在 6,704円
(2014/10/10)

米国の住宅需要拡大で海外向け塩ビ数量が拡大。機能性化学品も堅調。営業利益の順調な拡大が続く。会社予想は保守的で利益の上振れの公算大。株価は急騰直後の調整局面にあり、米国経済・株価を見極め押し目買い方針。

■5108 ブリヂストン

現在 3,451.0円
(2014/10/10)

主力のタイヤはアジア向けおよび鉱山機械向けが低調だが、原料天然ゴムの値下がりで最高益更新へ。PERの割安感が強く下値不安が相対的に小さい。株価は1年半の保合いから弱含みに転じており、押し目買い好機接近中。

■6273 SMC

現在 28,590円
(2014/10/10)

本書2014年版で取り上げた銘柄で期待通りの株価急騰を演じた。空圧制御機器はスマホ生産拡大のアジア向け伸長で最高益更新、連続増配。自動車関連向け受注も好調。循環的な押し目場面を狙いたい。

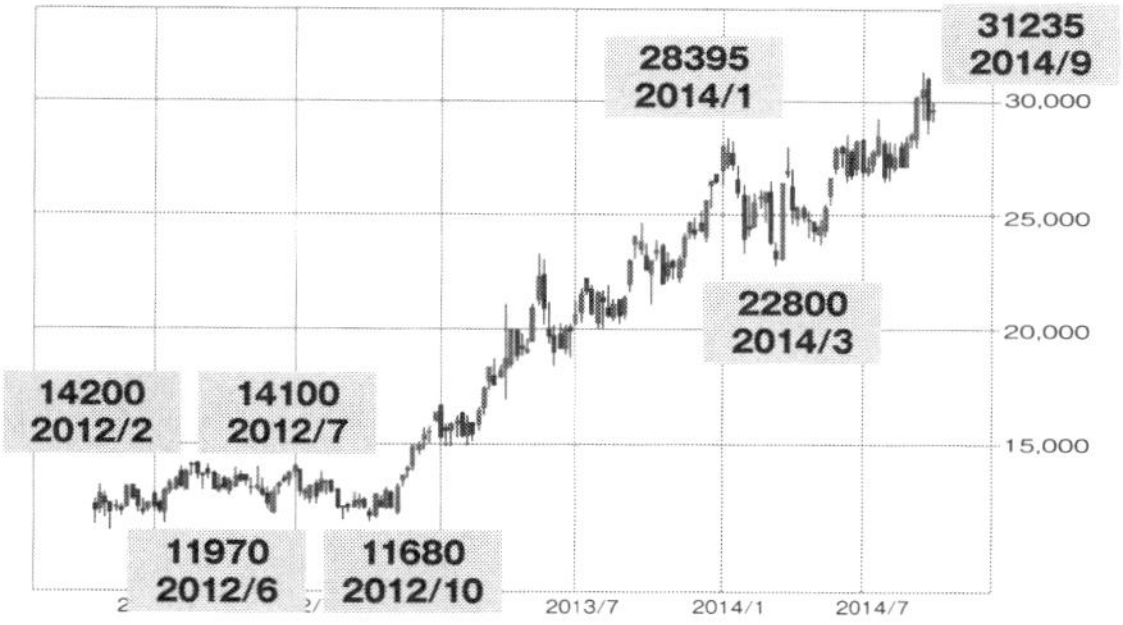

優良銘柄

■6902 デンソー

現在 4,710.0円
(2014/10/10)

業容は拡大しているものの、新製品立ち上げ費用、研究開発費、償却負担拡大で営業益は伸び悩み。株価は年初来の調整局面の延長上にあるが、中期成長力は高く株価割高感もない。株価が下振れする局面をしっかりと狙う。

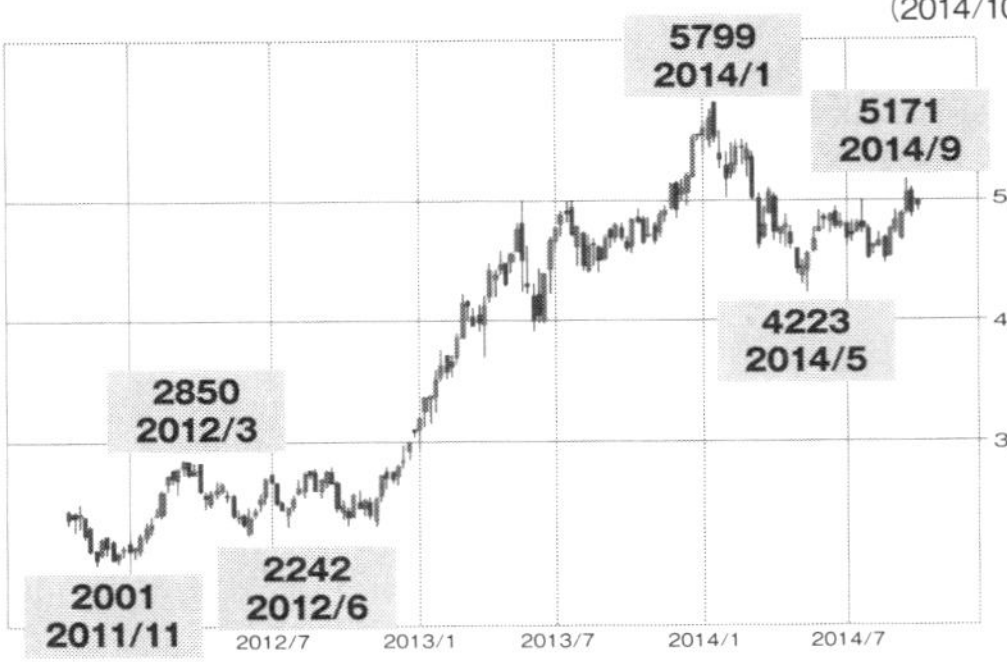

中国・新興国市場

■6301 コマツ

現在 2,369.0円
(2014/10/10)

主力の建機は中国で伸び悩むが欧州が堅調。資源国向けの鉱山機械は低調で、消費税増税の影響も受け、収益は伸び悩む。株価は2014年初来復調傾向辿るが、9月以降調整地合いにある。当面の押し目を慎重に見極めたい。

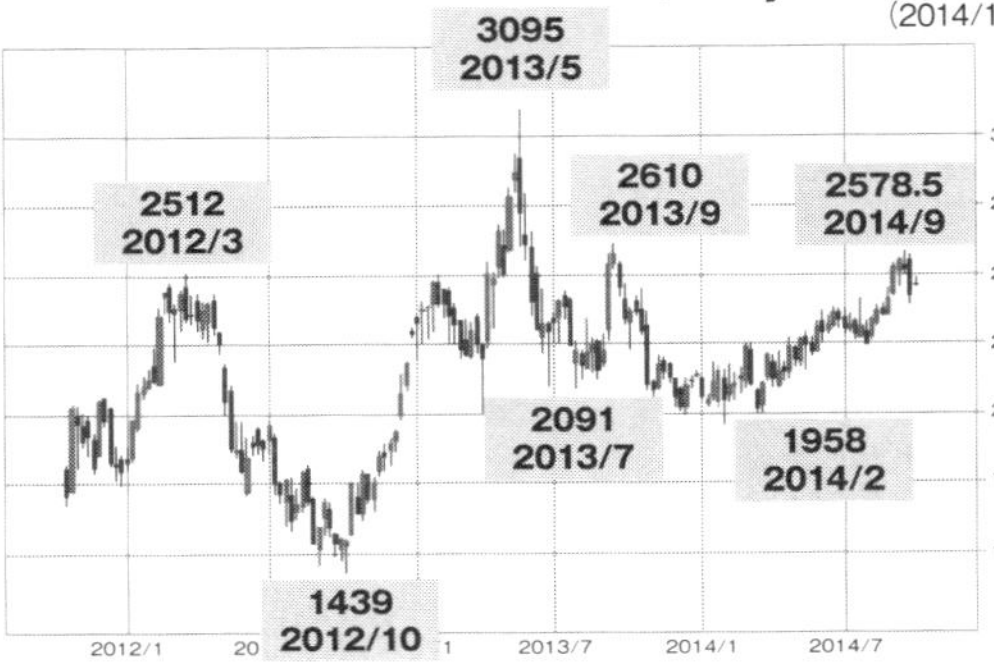

■8113 ユニ・チャーム

現在 2,490.0円
(2014/10/10)

国内は価格競争激化で、原料高や販促費増の影響あるが、中国の子供用紙おむつ需要が拡大し、アジア向け事業が収益を牽引している。株価は本年4月以降の急騰局面にあり、押し目を待ちたいところだが中期はなお有望。

■8876 リロHD

現在 7,180円 (2014/10/10)

本書2014年版で取り上げた銘柄で期待通りの株価急騰を演じた。企業福利厚生の総合アウトソーサー。留守宅管理、借り上げ社宅・賃貸管理事業を開拓して業績拡大。最高益更新で増配。右肩上がりの株価の押し目を狙う。

■9735 セコム

現在 6,232円 (2014/10/10)

防犯意識の強まりを背景に主力の機械警備の契約件数増加。メディカルサービスも堅調。収益の安定成長軌道を確保しており、株価の基調も堅調。下値不安が限定的で、9月以降の株価押し目形成の安値を丹念に狙いたい。

■3003 ヒューリック

現在 1,072円 (2014/10/10)

REIT立ち上げによる物件売却で上期収益押し上げ。JPX400に新規採用され、年金資金等からの資金流入も期待される。都心の駅近くのオフィスビル、賃貸マンション、ホテルを保有。

株価は調整中で押し目を慎重に狙いたい。

あとがき

ＴＲＩレポートは、筆者が月2回発行している『金利・為替・株価特報』というタイトルの会員制レポートのことである。このレポートの年次版をビジネス社から刊行し始めて、本書が第3作になる。金融市場の変化はすさまじく、市場変動の方向は1週間もあれば、真逆に転じてしまうことも少なくない。

こうしたなかで、単行本として1年の経済金融の見通しを示す主眼は、金融経済変動の焦点がどこにあるのかを提示する部分にある。それぞれの問題が、どちらの方向に振れてゆくのかを、あらかじめ明確に断定することは不可能である。現実の推移を追わねばならぬ部分が必ず出てくるのだ。

その、現実の推移のフォローアップは、会員制レポートの『金利・為替・株価特報』が担うことになる。金利、為替、株価の中短期変動を的確に予測することが資金運用戦略上、最重要になるが、これを1年単位で明示することは不可能である。仮に提示しても現実の複雑な変化がその見通しを大きく乖離させてしまうことが少なくないからである。

本書では、未来を洞察するうえで、カギになる事項について、詳細な分析、考察を提示した。とりわけ、経済政策の変化と地政学リスクの変化が重要な意味を持つ。また、株式投資に際しては、投資の手法をいかに確立するのかが、運用パフォーマンスに絶対的な影響を与えるのである。

日本の株式市場が25年間も低迷を続けてきた現実は、株式投資で優良なパフォーマンスを上げることの困難さを象徴している。こうした資金運用受難の時代にあって何よりも重要なことは、資産防衛である。資産拡大の前に、資産防衛の手立てを万全に講じなければ、思わぬ陥穽＝落とし穴にはまってしまうのである。

筆者が１９９０年から執筆を続けてきた『金利・為替・株価特報』は、多くの愛読者の支持によって支えられてきたが、その内容をさらに充実させ、読者の要請に応えるべく、力を注ぐ覚悟である。

ＴＲＩレポート読者には、まず年報版である本書を熟読賜り、とくに「最強・常勝5ヵ条の極意」を完全に掌握していただきたく思う。ＴＲＩレポートをご購読されない方も、この極意を掌握することは、必ずプラスになると確信している。そして、本書が示した金融市場分析の各論点をよく吟味し、情勢判断の一助にしていただきたく思う。

本書の上梓にあたり、いつもながらビジネス社岩谷健一編集長の叱咤とご尽力を賜ったことを銘記して深く感謝の意を表したい。

２０１４年10月９日

植　草　一　秀

著者略歴

植草一秀（うえくさ・かずひで）

1960年、東京都生まれ。東京大学経済学部卒。大蔵事務官、京都大学助教授、米スタンフォード大学フーバー研究所客員フェロー、早稲田大学大学院教授などを経て、現在、スリーネーションズリサーチ株式会社＝TRI代表取締役。金融市場の最前線でエコノミストとして活躍後、金融論・経済政策論および政治経済学の研究に移行。現在は会員制のTRIレポート『金利・為替・株価特報』を発行し、内外政治経済金融市場分析を提示。政治情勢および金融市場予測の精度の高さで高い評価を得ている。また、政治ブログおよびメルマガ「植草一秀の『知られざる真実』」で多数の読者を獲得している。

1998年日本経済新聞社アナリストランキング・エコノミスト部門第1位。2002年度第23回石橋湛山賞（『現代日本経済政策論』岩波書店）受賞。『金利・為替・株価の政治経済学』（岩波書店）、『日本の総決算』（講談社）、『ウエクサレポート』（市井出版）、『知られざる真実－勾留地にて－』（明月堂書店）、『日本の独立』『消費増税亡国論』（飛鳥新社）、『日本の再生』（青志社）、『国家は有罪（えんざい）をこうして創る』（祥伝社）、『消費税増税「乱」は終わらない』（同時代社）、『アベノリスク』（講談社）、『日本の真実』（飛鳥新社）、『日本経済撃墜』（ビジネス社）ほか著書多数。TRIレポートについては下記URLを参照のこと。

スリーネーションズリサーチ株式会社
HP　http://www.uekusa-tri.co.jp/index.html　E-mail　info@uekusa-tri.co.jp
メルマガ版「植草一秀の『知られざる真実』」　http://foomii.com/00050

日本の奈落　年率マイナス17% GDP成長率　衝撃の真実

2014年11月14日　第１刷発行

著　者　　植草一秀
発行者　　唐津　隆
発行所　　株式会社ビジネス社
〒162-0805　東京都新宿区矢来町114番地 神楽坂高橋ビル5階
電話　03(5227)1602　FAX　03(5227)1603
http://www.business-sha.co.jp

〈カバーデザイン〉常松靖史（TUNE）〈本文組版〉エムアンドケイ
〈印刷・製本〉大日本印刷株式会社
〈編集担当〉岩谷健一〈営業担当〉山口健志

ISBN978-4-8284-1775-2